LUCA LAUGA | Die Stille kommt beim Gehen

AURUM
www.kamphausen.media

Mit Liebe zum Detail und für die Umwelt

Die Übernahme von sozialer und nachhaltiger Verantwortung ist in unserem Denken und Handeln fest verankert. Daher achten wir bei der Auswahl unserer Inhalte auf Kompetenz, Relevanz, Sinnhaftigkeit und Qualität. So können wir mit Herz und Seele hinter unseren Büchern, Hörbüchern und Online-Angeboten stehen, die wir mit viel Liebe und Achtsamkeit bis in letzte Detail fertigen.

- Wir drucken fast ausschließlich auf 100% Recyclingpapier
- Wir produzieren weitgehend klimaneutral
- Über 90% unserer Produkte fertigen wir in Deutschland
- Dadurch gewährleisten wir kurze Transportwege

LUCA LAUGA

Die Stille
kommt beim Gehen

Auf dem Weg zu mir

Wie hat dir das Buch gefallen?
Teile gerne deine Meinung mit uns!

https://www.kamphausen.media/die-stille-kommt-beim-gehen/t-9783958835504

Bibliografische Information der Deutschen Nationalbibliothek:
Die Deutsche Nationalbibliothek verzeichnet diese Publikation
in der Deutschen Nationalbibliografie; detaillierte bibliografische Daten
sind im Internet über https://www.dnb.de abrufbar.

1. Auflage 2022
Projektleitung | Lektorat: SUSANNE KLEIN, Hamburg, kleine-brise.net
Umschlaggestaltung | Layout und Satz: GESINE BERAN, Turin
Umschlagmotiv: © shutterstock | Red monkey
Alle Fotos im Bildteil von LUCA LAUGA
Gesamtherstellung | Druck: Westermann Druck Zwickau GmbH
Printed in the European Union

ISBN 978-3-95883-550-4 | ISBN E-BOOK 978-3-95883-551-1
www.kamphausen.media

Inhalt

»Worte sind Steine, der Satz ist ein Weg.«

TOMÁS LAUGA[1]

Prolog

FÜR DEN, DER ÜBERLEBEN MÖCHTE, ist der Abgrund nicht gefährlich. Mit diesem Wissen machte ich mich auf den Weg. Das ging. Es ging. Und die Gedanken gingen auch. Was blieb, war die Stille, die immer präsenter wurde. Und genau aus dieser Präsenz heraus kam die Kraft weiterzugehen. Und als die Sonne wieder zurückkam, fand alles seine Ordnung.

Persönliche Desaster und Naturkatastrophen haben vieles gemeinsam. Meistens kündigen sie sich an. Sie tun es, auch wenn wir es nicht wahrhaben wollen. Tiere spüren schon Tage vorher, dass es in der Erde brodelt. Vögel versammeln sich in Scharen und fliegen davon. Hunde bellen unentwegt und suchen das Weite. Kröten setzen sich in Bewegung, Ziegen werden unruhig. Sie reagieren auf Veränderungen im Innern der Erde, sie spüren Schwingungen, hören und sehen anders als wir. Was wir erst später wissen, taucht bei ihnen als ein Gefühl oder eine Ahnung auf. Ob sie dabei Angst empfinden oder ob sie aus einer inneren Sicherheit heraus reagieren, das weiß ich nicht. Wir Menschen könnten solche Katastrophen auch spüren, würden wir auf unsere Sinne achten und unseren Verstand vorübergehend zurücknehmen. Wir würden dann intensiver sehen, hören und fühlen und hätten einen besseren Zugang zu unserer Intuition, unserer Wahrnehmung und unseren Visionen. Doch meistens sind wir im Gestern, im Vorgestern oder in der Zukunft verfangen, abgelenkt und unkonzentriert, sodass uns die Momente der tiefen Intensität, der Gegenwart und Konzentration entgehen. Wir leben über diese Augenblicke hinweg, spüren sie kaum. Vergessen sie schnell wieder. Und sind oft stärker darin, etwas nicht zu sehen und nicht zu fühlen. Nur manchmal, im Nachhinein, taucht ein »Da war doch was« auf. Ein »Etwas«, was dem Geschehen vorausgegangen war. Ein »Ich hab es doch geahnt«. Im Augenblick zu sein gelingt nicht immer.

Bewegtes Land

ICH WOLLTE AUF DAS DACH UNSERES HAUSES kommen, an die Regenrinne, die so vollgestopft war, dass das Wasser überlief. Das hatte ich in der Nacht zuvor während eines heftigen Sturmes bemerkt. Vor meinem Schlafzimmerfenster war das Wasser wie eine verschwommene Glaswand herabgestürzt. Es war laut auf einen Gehweg geprasselt, der in den Garten führt, und noch am Morgen standen dort riesige Pfützen. Im Frühjahr regnet es hier in Nordpatagonien viel, und deswegen ist es wichtig, dass die Regenrinne den Wasserströmen standhalten und das Wasser gut abfließen kann. Ich lieh mir beim Nachbarn eine Leiter, eine alte aus Holz, und stellte sie gegen die Hauswand. Sie wackelte, deswegen stieg ich ein wenig skeptisch die ersten Sprossen hinauf. Ich hatte Angst. Würde sie mein Gewicht halten können? Würde das alte spröde Holz brechen? Nach Matthias' Sturz, er war einige Jahre zuvor vom Dach unseres Hauses gefallen, war ich vorsichtig geworden. Es lag mir fern, etwas Riskantes zu tun und mich in Gefahr zu begeben, indem ich etwa in die Höhe stieg, um dann auf den Boden zu fallen. Also nahm ich Sprosse für Sprosse, vergewisserte mich jede Sekunde, ob die Leiter mich auch wirklich hielt. Dabei atmete ich tief durch und hielt mich mit beiden Händen gut fest. Als ich endlich die Höhe der Dachrinne erreichte, drehte ich meinen Kopf ganz vorsichtig herum. Meine Schultern halfen nach, bis ich mich auch leicht in der Hüfte drehen musste. Nur so und von hier oben konnte ich ihn sehen. An diesem Tag lag er ganz still wie eine Silberplatte bewegungslos zwischen den auslaufenden Bergketten der Anden unterhalb unseres Grundstücks: der Lago Nahuel Huapi. Dieser riesige See in Nordpatagonien hatte sich nach dem Sturm allmählich beruhigt. Ich atmete tief durch und war froh, dass die Nacht vorbei war.

Die Regenrinne war voller Sand. Poröser, heller, nasser Sand. Ich griff mit der Hand hinein, manchmal war ein bisschen Erde oder Moos dazwischen, aber alles lag locker in der Regenrinne. Ich warf Klumpen für Klumpen einfach nach unten. Es gab jedes Mal einen platschenden Laut auf den Steinplatten. Um die gesamte Regenrinne an beiden Seiten des Hauses mit meinen Händen freizuschaufeln, brauchte ich den ganzen Vormittag. Der See lag in der Mittagssonne immer noch ruhig und ohne den geringsten Wellengang einige Hundert Meter unterhalb unseres Grundstücks. Unter den Dachrinnen, an beiden Seiten des Hauses, verlief nun jeweils eine unregelmäßige, niedrige Sandmauer, so als hätte ein Kind sie mit seinen kleinen Händen gebaut.

Schon am Morgen hatte ich ein bisschen des groben Sandes zum Trocknen auf ein Tablett in die Sonne gelegt. Am Abend ließ ich den porösen Grieß durch meine Finger rieseln und füllte ihn in ein Glas, das ich auf meinen Schreibtisch stellte.

Ich wollte mich erinnern. Denn was ich aus der Dachrinne herausgeholt hatte, war feiner Lavasand des Vulkans Puyehue (Abb. 2, 3 und 9), der am 4. Juni 2011 nach langer Ruhepause in den südchilenischen Anden ausgebrochen war und seine Umgebung unter einer dicken Schicht Asche vergraben hatte. Der Vulkan liegt im chilenischen Nachbarland, achthundert Kilometer südlich von Santiago de Chile. Ein langer Graben hatte sich in der Erdkruste aufgetan, und anfangs war nicht zu erkennen gewesen, welcher der Vulkane dieses Komplexes ausgebrochen war. Eine riesige Rauchsäule war emporgestiegen und hatte ganze Landstriche eingehüllt. Villa La Angostura, ein Ferienort am nördlichen Teil des Lago Nahuel Huapi gelegen, wurde ganz besonders stark vom Ascheregen überrascht.

Bariloche, der Ort, in dem unser Haus steht, liegt rund fünfzig Kilometer weiter südlich und war durch die speziellen Windbedingungen ebenfalls betroffen. In unmittelbarer Nähe des Vulkans evakuierte man 3.500 Menschen, die Grenzen zwischen Argentinien und Chile waren geschlossen und die Flughäfen gesperrt.

Chile liegt am pazifischen Feuerring, einem hufeisenförmigen Vulkangürtel, der den Pazifischen Ozean umgibt. Mehrere Kontinentalplatten bewegen sich ganz langsam, stoßen im Inneren der Erde aneinander und lösen Erdbeben aus. Tsunamis sind die Folge der Erd- oder Meeresbeben und können ganze Küstengebiete zerstören.

Wir, mein Mann Martín und ich, hielten uns zu diesem Zeitpunkt in Deutschland auf. Wir verfolgten jeden Tag die Nachrichten und Bilder im Internet, sahen die kilometerweit aufsteigende Aschewolke, Menschen, die sich bei Tage in Dunkelheit mit Mundschutz durch die Stadt bewegten, und Wälder, die weißgraue Asche trugen, als seien sie von Schnee bedeckt. Wir spürten das Bedrohliche. Aber wirklich vorstellen konnten wir uns diese Katastrophe nicht.

Wie ist es, wenn plötzlich Vulkanasche herabregnet, der wolkenlose Himmel am hellen Tage verschwindet, die Natur extrem stark in das eigene Leben eingreift und den Alltag der Menschen stillstehen lässt? Wie fühlt es sich an, wenn die Menschen sich nicht mehr trauen, die Luft um sich herum einzuatmen, weil sie giftig ist? Ich hatte keine Ahnung.

Am Straßenrand auf freien Flächen fielen später die angehäuften Berge dieses grauen Sandes auf. Und noch ein oder zwei Jahre später fand ich, wenn ich in die Berge ging, lange nach der großen Eruption hin und wieder an unberührten Stellen, wo auch der Wind nicht hinkam, eine dünne hellgraue Schicht über der dunklen Erde. Im Winter, beim Skilaufen oben in den Bergen, war manchmal der Schnee grau, weil der Ostwind die Vulkanasche aus der Steppe herübergeweht hatte.

Noch lange nach der Katastrophe tauchte die graue Schicht, die in den ersten Stunden nach dem Ausbruch vom Himmel gekommen war, beim Graben im Garten eine Handbreit unterhalb der Oberfläche wieder auf. Es war Verglühtes und Verbranntes aus dem Inneren des Planeten. Nun macht es die Erde um uns herum fruchtbar.

EINMAL LAS ICH EINEN ARTIKEL über Personen, die wenige Tage oder Stunden vor einer Naturkatastrophe ein Summen im Ohr verspürt hatten. Doch brachten die meisten das Rauschen erst im Nachhinein mit einem Vulkanausbruch oder einem Erdbeben in Zusammenhang. Stunden vor der Katastrophe hatten sie keine Ahnung, was es zu bedeuten hatte. Sie suchten die Ursache bei sich selbst und waren einfach nur unruhig und besorgt.

Hatte sich Matthias' Fall vom Dach auch angekündigt? Hatte ich Tage oder Stunden vor dem Sturz unseres Sohnes ein mulmiges Gefühl oder eine Ahnung? Ich kann mich nicht erinnern. Im Nachhinein rekonstruierten wir gemeinsam den Abend vor der Nacht, in der wir unseren Sohn fast verloren hätten.

Martín hatte Matthias beim Abendessen von einem Film erzählt, von einem Mann, der durch eine akute Erkrankung in ein Koma gefallen war, aber dennoch alles um sich herum erlebte, vielleicht aus einer anderen Dimension heraus, aber auf irgendeine Art sehr anwesend. Beide hatte die Geschichte beeindruckt, und sie erinnerten sich gemeinsam, wie sehr der Film sie bewegt hatte. War das ein Zufall? Hatten sie beide eine unausgesprochene Ahnung von dem, was in jener Nacht passieren würde?

*

ICH HABE NOCH NIE IM LEBEN eine Naturkatastrophe erlebt. Darüber bin ich auch froh. Aber auf einer Reise mit Martín von Bariloche auf der argentinischen Seite über die Anden nach Chile begegnete ich Menschen, die mir von ihren Erlebnissen mit Erdbeben, Vulkanausbrüchen und Tsunamis erzählten.

Und immer wieder fragte ich mich nach solchen Gesprächen, was schlimme Krisen und das Erleben von Katastrophen mit uns machen, wie sie uns prägen und wie wir mit den Geschehnissen weiterleben können.

Von Bariloche aus gibt es Richtung Norden mehrere Pässe über die Berge, die nach Chile führen. Der kürzeste Weg schlängelt sich am Vulkan Puyehue vorbei, und man kommt auf der chilenischen Seite schnell in die Stadt Osorno. Wir wählten die längere Strecke, den nördlicher gelegenen Pass, der uns auf seinem höchsten Punkt kurz vor dem Grenzübergang durch einen verzauberten Araukarienwald führte. Von Weitem sah man schon den massiven und kegelformartigen Vulkan Lanín, der auf mich immer sehr grandios und sogar bedrohlich wirkt. Ganz anders als der Vulkan Villarica (Abb. 1), an dem wir eine Stunde später auf chilenischer Seite entlangfuhren. Dieser Berg liegt direkt neben dem kleinen Städtchen Pucón und ist vielleicht der schönste, aber mit Sicherheit auch aktivste Vulkan Amerikas. Fast an jeder Straßenecke des Ortes sieht man ihn, der so lebendig ist, dass oft Rauch aus dem Inneren aufsteigt. Steht eine Wolke über dem Krater, reflektiert sie manchmal das brodelnde Magma und leuchtet rot. Der Vulkan erscheint von Pucóns Straßen aus zum Anfassen nahe. Mit einer entsprechenden Ausrüstung kann man den Berg besteigen, und es gibt einige Reiseagenturen, die eine Exkursion zum Krater anbieten.

Es war noch sehr früh am Morgen, und ich machte mich von unserem Hotel aus auf den Weg durch die Hauptstraße, um ein paar Informationen zu bekommen. Irgendwann wollte ich da hinauf und einmal in den Krater schauen. Es lässt sich nicht genau erklären, was mich so anzieht an diesem Berg. Er erscheint freundlich und lieblich, genau wie die Umgebung mit ihren fruchtbaren Hügeln. Dann stand ich vor einer Trekking-Agentur, die gerade ihre Türen öffnete, und entschied, einfach mal zu fragen, was man braucht, um den Vulkan zu besteigen. Es sprach mich ein junger chilenischer Mann an, der aus Pucón kam und in Deutschland studiert hatte. Sein Name war Carlos und er erklärte mir die Route auf einer Karte, zeigte mir die Ausrüstung, die die Agentur zur Verfügung stellt, und sagte ganz entschieden: »Wer wirklich hinaufwill, dem helfen wir, bis er oben ist.« Das machte mir Mut, denn ich weiß nie so genau, wie ich meine eigene Kondition einschätzen soll. Aber zu jenem Zeitpunkt war ich mit Martín auf der Durchreise und sammelte also die Informationen für später, wenn ich einmal für ein paar Tage allein in Pucón sein würde. So verabschiedete ich mich von Carlos und fragte nur kurz noch, ob die Menschen im Ort keine Angst hatten vor einem Vulkanausbruch.

»Angst? Nein, das haben wir nicht. Wir sind daran gewöhnt.« Auf dem Weg zurück zum Hotel fragte ich mich, woran sie gewöhnt sind und wie er das genau meinte. Leben sie einfach gleichmütig mit dem Gedanken und dem Gefühl, dass der Vulkan jederzeit ausbrechen könnte und sie dann alles verlieren würden, vielleicht sogar ihr eigenes Leben? Nehmen sie diese Vorstellung an als eine Variante der Zukunft, oder meinte er mit »Wir haben uns daran gewöhnt« ein Abstumpfen, ein Nicht-darüber-Nachdenken oder sogar ein Verdrängen? Ersteres würde sie vielleicht sogar freier machen als andere Menschen, die nicht in unmittelbarer Nähe eines so aktiven Vulkans leben. Letzteres erschien mir als eine unerträgliche Situation. Und mir kam der Gedanke, dass in dieser Gegend rund um den Vulkan, der jederzeit eine ganze Stadt unter seinen Lavaströmen begraben kann, möglicherweise ein größeres Bewusstsein vom Leben existiert als anderswo. Sie wissen dort vielleicht besser als wir, was in ihrer Macht steht und was nicht. Braucht Leben Risiko und Wagnis, um Bewusstsein zu schaffen? Und brauchen wir Gefahr, Bedrohung und Krisen, um zu erfahren, was Freiheit ist?

Später erzählte mir ein älterer Chilene in einem Café in Pucón, dass die Bedrohung für die Menschen, die in unmittelbarer Nähe eines Vulkans leben, umso geringer sei, je aktiver der Berg ist. »Wir, die wir so dicht an einem aktiven Vulkan leben, kennen unseren Berg und seine Gefahren, wir wissen und fühlen, was passieren kann, und haben gelernt, mit dieser Bedrohung umzugehen. Wir schauen jeden Tag und jede Nacht auf ihn und bleiben doch ganz ruhig. Und wenn es wirklich nötig wird, halten wir uns in gebührendem Abstand auf.« Und ich fragte mich, ob der Vulkan dann überhaupt noch eine Bedrohung ist?

»ICH MACHE NUR REISEN MIT EINEM TIEFEREN SINN«, hatte mir mal eine gute Freundin gesagt. Der Satz war im Gespräch mit ihr untergegangen, und es ergab sich keine Gelegenheit mehr zu fragen, wie genau sie das gemeint hatte. Während unserer Reise durch Patagonien erinnerte ich mich immer wieder an diesen Satz, ohne die geringste Ahnung zu haben, ob das, was wir erlebten, einen tieferen Sinn haben würde.

Von Pucón aus fuhren Martín und ich Richtung Süden und kamen am späten Nachmittag in einem verschlafenen kleinen Ort namens Futaleufú an. Es war Sonntag, und es wurde gewählt, in der Schule. Die Straße davor war gesperrt. An jeder Restauranttür hing ein Schild: *»Hoy no hay alcohol,«* (»Heute gibt es keinen Alkohol«).

In den ersten Tagen unserer Reise begleiteten uns unsere argentinischen Freunde mit ihren zwei kleinen Kindern, und Víctor, der Vater, der so gerne angeln geht, fand auch bald eine geeignete Stelle am Fluss. Er angelte, und Martín und ich stiegen in unsere Neoprenanzüge. »Vamos Luca, da oben schwimmen wir los, du immer hinter mir her, und weiter unten, wo die Strömung abnimmt, steigen wir wieder aus«, erklärte mir Martín. Angst mischte sich mit Aufregung, und ich wusste um meinen Ärger, wenn ich nicht springen würde. Es war kurz nach der Schneeschmelze, und das Wasser hatte ungefähr vier Grad Celsius.

Ich bin eine gute Schwimmerin, ich liebe die Gleichförmigkeit der Bewegungen beim Vorwärtskommen, und das Wasser um mich herum, auf meiner Haut, auch und gerade wenn es richtig kalt ist, macht mich für Momente noch ein bisschen lebendiger. Meistens schwimme ich in hellblauen Freibädern meine Bahnen oder in Seen, wenn es erlaubt ist, und manchmal im Meer, aber noch nie war ich mit oder durch einen Fluss geschwommen. Wie stark die Strömung des Flusses war, konnte man sehen, und als Martín mich aufforderte, hatte ich ein mulmiges Gefühl. Ich weiß manchmal nicht, ob er meine Kraft richtig einschätzen kann. Einen Moment lang war ich unsicher.

Angst hatte mir schon oft im Leben den Boden unter den Füßen weggerissen, Angst um mich selbst und Angst um andere. Wobei die Angst um mich selbst immer geringer war als die Angst um andere. Und am größten war immer die Angst um unsere Kinder.

Aber ich wusste auch, dass es eine Angst gab, die irreal ist, die nichts mit dem, was ist oder war, zu tun hat. Das ist eine Angst, die man stoppen kann, die man überwinden kann. Und so traf ich eine Entscheidung, schaute noch einmal flussaufwärts auf die starke Strömung, atmete tief ein und sprang in das quirlige, gletscherkalte, türkisfarbene Wasser. Trotz des Schutzes durch den Neoprenanzug spürte ich die Kälte des Wassers sofort auf meiner Haut. Der Anzug war nicht ganz dicht, und besonders am Hals und an den Handgelenken trat das Wasser ein, da schmerzte die Kälte am meisten. Doch plötzlich übernahm die Energie des Flusses mich ganz, meinen Körper und meine Angst. Ich war mehr Geist als Stoff, und der rauschende Fluss auch. Für einen Moment war ich Teil jedes einzelnen Wassertropfens, des Windes, des Himmels und der Kraft der Strömung. Und im gleichen Moment sah ich Martín kurz vor mir. Ich holte ihn ein, und er schrie mir nur zu: »Da vorne steigen wir aus!«, denn weiter unten war Víctor mit seiner Angel. Ein paar kräftige Schwimmzüge Richtung Ufer, und ich hatte wieder Boden unter den Füßen. Ich bin dann noch einmal das gleiche Stück mit dem Fluss geschwommen und würde es immer wieder tun.

AM NÄCHSTEN TAG FUHREN WIR BIS CHAITÉN, einem kleinen Ort an der chilenischen Pazifikküste. Ich wusste nichts über dieses Städtchen, nur, dass uns von hier aus am nächsten Tag eine Fähre zur Insel Chiloé bringen sollte. Beim Ankommen spürte ich Beklommenheit. »Irgendetwas stimmt hier nicht«, war mein Gefühl. Später erfuhr ich, was Anfang Mai des Jahres 2008 passiert war. Einige Tage vor dem 8. Mai hatte ein Erdbeben der Stärke 4,1 den kleinen Ort mit seinen 3.300 Einwohnern überrascht. Kurz darauf regnete es Asche und bedeckte die Gegend mit einer ca. fünfzehn Zentimeter hohen

Schicht. Infolgedessen wurde das Trinkwasser unbrauchbar. Die ersten Personen wurden evakuiert, die meisten Menschen brachte man auf Booten auf die vorliegende Insel Chiloé. Ein paar Tage später explodierte der relativ kleine Vulkan Chaitén, und seine Lavamassen und Schlammlawinen zerstörten dreihundert Häuser. Bis heute sind etwa siebenhundert Menschen zurückgekommen, es gibt wieder ein paar Restaurants, ein Hotel, eine Schule und eine kleine Gesundheitsstation.

Der Ort Chaitén ist umgeben von großen, aktiven Vulkanen, aber niemand hatte damit gerechnet, dass gerade der kleinste so eine Katastrophe anrichten würde. Denn er galt als erloschen, und sein letzter großer Ausbruch wird auf das Jahr 7.420 v. Chr. datiert.

Am Nachmittag kam die Sonne raus, es war windstill, und so konnte ich mit unserem Paddleboard zum ersten Mal auf den Pazifik hinauspaddeln.

Obwohl ich schon zwei Wochen in Südamerika war, wurde ich immer noch morgens gegen fünf oder sechs Uhr wach. So auch am nächsten Morgen in Chaitén. Ich ging hinunter zum Pazifik und traute meinen Augen nicht. Was am Tag zuvor noch von Wolken verdeckt gewesen war, tauchte jetzt plötzlich majestätisch vor mir auf: die Spitze des Vulkans Corcovado. Ich nahm ein paar tiefe Atemzüge, war überwältigt und lief schnell nach Hause, um die Kamera zu holen. Wie dumm, hinter einem Foto herzurennen, denn als ich zurückkam, war der Vulkan wieder hinter den Wolken verschwunden. Was für eine Illusion! So saß ich da und lachte eigentlich über mich selbst, als plötzlich zwei Delfine von links nach rechts an mir vorbeischwammen. Sie tauchten auf, tauchten wieder ein, tauchten auf, tauchten ein, beide ganz gleichförmig. Sie begrüßten mich, und es berührte mich. Die Kamera in meiner Hand hatte ich vergessen. Aber eines war mir klar: Wir können nie genau wissen, was im nächsten Moment passiert. Und fast nie rechnen wir damit, dass es umwerfend schön sein kann.

UNSERE REISE GING WEITER RICHTUNG NORDEN, über Temuco nach Nueva Imperial. Wir fuhren durch das Land der Mapuche oder *Auracanía*, wie sie es selbst nennen, an Flüssen entlang, die ihren Ursprung in den Anden haben und durch fruchtbares Land bis zum Pazifik fließen.

Die meisten geografischen Bezeichnungen stammen aus dem Mapudungun, der Sprache der Mapuche. Wir hatten uns in Pucón ein Wörterbuch Spanisch-Mapuche gekauft, sodass ich die Bedeutung der Namen nachschauen konnte. Mir fiel schon in Bariloche auf, dass viele Wörter auf *-lafken* endeten.[2]

Ein Freund hatte mir erklärt, dass es »See« bedeutet. Das war auch kein Wunder, denn Bariloche liegt am Lago Nahuel Huapi, einem der größten Seen Patagoniens. Aber hier, nordöstlich von Temuco, befand sich kein See, es erschien uns plötzlich eher, als bedeute es »Meer«, denn mit jedem Kilometer näherten wir uns dem Pazifik. Also schlug ich noch während der Autofahrt die Bedeutung von *Lafken* nach – und war überrascht. Die Frage war nicht »See« oder »Meer«, sondern es steht für beides. *Lafken* bedeutet schlicht »eine Ausdehnung oder weite Oberfläche von Wasser«, und ein See, der so aussieht wie ein Meer, ist ein *Calafken*. Diese Wahrnehmung der Natur machte mich neugierig, und ich fing an, im Wörterbuch zu lesen. Für das Wort »Wasser« fand ich mindestens neun verschiedene Bedeutungen: Süßwasser,

Schlammwasser, blaues Wasser, frostiges Wasser, kristallines Wasser, sandiges Wasser, Meerwasser, Regenwasser, Wasser aus dem Tal und noch einige mehr. Und das Licht heißt *Alow*, das Licht des Mondes *Ale* und das Licht der Sonne *Alofantu*. Und dann schaute ich das Wort »Seele« nach und fand *Saki* – die freundliche Seele, *Am* – die verstorbene Seele und *Alhue* – die verlorene Seele. Ob die Mapuche auch einen Namen für eine Seele hatten, deren Körper und Geist gerade im Koma schweben? Oder ist die Seele im Koma Alhue, die verlorene Seele? Und haben sie ein Wort für Koma? Dabei fiel mir auf, dass ich auch nicht wusste, was das Wort »Koma« bedeutet. Ich fand es noch am gleichen Abend heraus: Koma kommt aus dem Altgriechischen und heißt »tiefer Schlaf«.

Der Sturz

UNSER SOHN FIEL AM ABEND des 27. August 2014 vom Dach, und keiner hatte es bemerkt. Martín, Tomás und ich schliefen schon. Tomás, Matthias' jüngerer Bruder, sagte später, er habe im Halbschlaf einen dumpfen Schlag gehört, das war wahrscheinlich Matthias Kopf, als er auf das Kopfsteinpflaster prallte.

Wahrscheinlich erst Stunden nach diesem Sturz wurde ich wach, denn ich vernahm hektische Schritte unter unserem Schlafzimmerfenster. Matthias, der hinter unserem Haus lange bewusstlos auf der Erde gelegen hatte, war wieder aufgewacht, lief ums Haus herum, kam vom Haupteingang in den Wintergarten und klopfte ein paar Minuten später laut und heftig gegen die Haustür. Sofort wusste ich, dass etwas Unvorhergesehenes, etwas Schlimmes passiert sein musste, und war sehr aufgewühlt. Ich sprang aus dem Bett, lief die Treppe hinunter und öffnete ihm die Tür. Da stand er blutüberströmt und schwer verletzt vor mir, sprach verwirrt Deutsch und Englisch durcheinander. Ich war hellwach, hochkonzentriert und spürte, wie sich all meine Energie in mir bündelte, wie sich meine

Kraft zu einem inneren, hellen Lichtwirbel zusammenbraute und mich Schritt für Schritt das nächste Wichtige und Richtige tun ließ. Später wurde mir klar, dass ich getragen wurde und mich diese Energie durch jene Nacht und auch alle weiteren schwierigen Momente der nächsten Monate und sogar Jahre begleitete. Das war mein Glück, unser Glück.

Matthias musste irgendwie sofort ins Krankenhaus gebracht werden. Aber wie? Wir wohnen abseits eines kleinen Dorfes, und jeder unserer Besucher verfährt sich erst einmal, bevor er uns findet. Ich versuchte dennoch, den Notarzt anzurufen. Der Akku des Handys war leer. Das Telefon konnte ich gar nicht finden, und Martín hatte da schon entschieden, ihn selbst ins Krankenhaus zu fahren.

Tomás blieb zu Hause. Ich saß hinten bei Matthias, der immer wieder nur nach Hause wollte, schlafen wollte und gar nicht verstand, was passiert war. Erklären konnte man ihm das nicht. Panik und Angst standen in seinen weit aufgerissenen Augen.

Wir fuhren in ein kleines Krankenhaus, vier Kilometer entfernt von unserem Haus. Erst über einen Feldweg und dann ein kleines Stück durch einen Wald. Bis zu diesem Zeitpunkt hatten wir keine Ahnung, was genau passiert war und dass Matthias einen schweren Schädelbasisbruch hatte. Aus unserer Sicht war er von draußen ins Haus gekommen. So, wie wir die Katastrophe wahrgenommen hatten, musste vor unserem Haus etwas Schlimmes passiert sein. War er verprügelt worden? Überfallen worden? Hatte er Drogen genommen? Warum war er so verwirrt? Die Ärzte im Krankenhaus fragten uns, und wir konnten gar nichts Genaues sagen. Das machte alles noch viel schlimmer. Denn wertvolle Zeit verging, bis der Notarzt entschied, ihn mit dem Krankenwagen ins Kreiskrankenhaus zu bringen. Und wenn Matthias aus dem Haus gelockt und überfallen worden war? Hieß das vielleicht, dass Tomás auch in Gefahr war? Nachdem uns das durch den Kopf ging, fuhr Martín sofort nach Hause, um bei Tomás zu bleiben.

Ich hörte, wie die Ärzte Matthias anschrien. Er durfte auf keinen Fall wieder bewusstlos werden. In diesem Moment hatte ich zum ersten Mal Angst. Ich stieg mit in den Krankenwagen ein, aber man ließ mich nicht hinten neben Matthias sitzen, sondern schickte mich nach vorne auf den Beifahrersitz. Die leeren Straßen und die dunkle Nacht beruhigten mich ein bisschen. Dass der Fahrer kein Wort mit mir sprach, hatte ich gar nicht bemerkt. Im Kreiskrankenhaus entschied man, dass Matthias sofort notoperiert werden müsste. Sie telefonierten mit Düsseldorf und Krefeld, um herauszufinden, wo ein Operationssaal frei war. Der Notarzt, der Matthias dann nach Krefeld begleitete, war ziemlich sauer, und ich hörte nur die eine Bemerkung: »Viel zu spät.«

Ich bin ganz sicher, dass er auf dieser Fahrt Matthias das Leben gerettet hat. Er besaß diese Kraft, die auch meinem Vater eigen gewesen war, ihn nicht einfach so sterben zu lassen. Das spürte ich vorne in der Kabine, während der Fahrer mich fragte, ob Matthias vielleicht ein Schlafwandler sei und eventuell deshalb vom Dach gefallen war.

MATTHIAS WURDE NOCH IN DER GLEICHEN NACHT notoperiert. Ich blieb im Krankenhaus und wartete zitternd vor der Tür zum Operationssaal. Der Flur war hell erleuchtet, die Bank, auf die ich mich gelegt hatte, hart und kalt. Niemand sprach mit mir, und ich hielt vor Aufregung manchmal die Luft an. In dieser Nacht spürte ich ganz deutlich, dass Matthias zwischen Leben und Tod schwebte. Ich spürte die Anstrengung der

Ärzte, die alles gaben, um diesem jungen Menschen das Leben zu retten. Und ich spürte meinen Vater, der in zweiter Reihe im Operationssaal stand und seine Augen auf seinen Enkel gerichtet hatte. Mit seiner Geisteskraft unterstützte er die operierenden Ärzte. Erst im Morgengrauen kam Matthias auf die Intensivstation. Er befand sich in einem künstlichen Koma und schwebte zwischen den Welten, zwischen dem Hier und dem Drüben. Er war an einem anderen Ort.

»Möchten Sie mit einem Seelsorger sprechen?«, fragte mich eine Krankenschwester. Ich hörte nur das Wort »Seele« und sagte Ja.

Eine halbe Stunde später kam ein evangelischer Pfarrer und wollte mit mir reden. Aber ich hatte nur eine einzige Frage: »Wo ist Matthias' Seele jetzt?« Er konnte mir das nicht sagen. Er wusste es nicht. Ich bedankte mich und ließ ihn wieder gehen.

MATTHIAS LAG SCHON EIN PAAR TAGE im Koma. Jeden Morgen kamen die Ärzte und das Pflegepersonal zur Visite. Man hatte ihn »entdeckelt«, was bedeutet, dass man ihm beidseitig den Schädel entfernt hatte, damit das Gehirn anschwellen konnte, ohne Druck zu erleiden. Er schwebte in Lebensgefahr, und um ihn in keiner Weise zu stressen, ordneten die Ärzte »Minimal Touch« an. Das heißt, dass er nicht berührt werden durfte, weder von uns noch vom Pflegepersonal. Sie taten nur das Allernötigste, wie beispielsweise hin und wieder eine Kanüle auszuwechseln. Wir durften ihm auch nicht mehr die Hand halten oder ihm über die Stirn streichen. Es erschreckte mich nicht. Es lenkte mich in eine neue Richtung: »Wenn ich keinen Körperkontakt mehr zu ihm haben kann, dann probiere ich es anders.« Ich fing an, für ihn zu singen.

Tagsüber waren Martín und Tomás bei ihm, und der Betrieb auf der Intensivstation brachte zusätzlich Leben um ihn herum. Ich blieb jede Nacht. Manchmal bekam ich einen ganz bequemen Stuhl von einem Krankenpfleger, den ich wie einen Liegestuhl nach hinten klappen konnte, oft verbrachte ich aber die Nacht auf einem harten Holzstuhl aus dem Angehörigenzimmer der Station.

Und ich sang, was immer mir einfiel, nicht sehr laut, aber von ganzem Herzen. Und zwei Lieder tauchten immer wieder auf: *Es ist ein Ros' entsprungen* und *Let it be* von den Beatles. Ich kannte jede Strophe des Liedes, und beim Singen schnürte es mir fast die Kehle zu.[3]

MIR KAM DIE STELLE IN DEN SINN, WO PAUL MCCARTNEY von der Mutter Maria singt. Und dann stand sie wirklich plötzlich neben mir und hatte sogar eine Nachricht für mich: »Deine Liebe ist sein Tor, durch das er zurückkommt.« Da war ich komplett überwältigt, das war fast zu viel. Ich weinte und sang ganz leise vor Dankbarkeit weiter. Es irgendjemandem zu erzählen traute ich mich nicht. Ganz still verließ ich am Morgen wie immer noch vor sieben Uhr das Zimmer der Intensivstation und fuhr nach Hause, um Martín und Tomás das Frühstück zu machen. Meistens ging ich danach mit unserem Hund Manso spazieren. Und auf meinem Weg durch die Felder hörte ich plötzlich Matthias' Stimme: »Mama, jetzt lass aber mal die alten Kamellen, es reicht!«

Ich wusste genau, dass er die Lieder meinte, schmunzelte in mich hinein und war keineswegs beleidigt.

Die Erde bebt auch unter Wasser

MARTÍN SURFT GERN UND VIEL. WINDSURFING. Er hat es zu einer Zeit gelernt, als noch wenige in Buenos Aires auf dem Río de la Plata surften. Einmal überquerte er den Fluss und geriet in Not. Nur durch Zufall wurde er gerettet.

Von unserem Haus in der Nähe von Düsseldorf aus fahren wir oft nach Wissant, einem kleinen französischen Ort an der Küste des Ärmelkanals. Dort sind die Bedingungen für Windsurfer ganz besonders gut. Ebbe und Flut sind stark, die Strömungen tückisch, und wenn dann noch ein starker Wind hinzukommt, wird es immer schwieriger, und nur noch wenige trauen sich ins Wasser. Ich stehe dann mit windfester Kleidung am Strand und fotografiere ihn.

Diesmal aber wollte er im Pazifik surfen. Er hatte seine Ausrüstung dabei, und wir waren auf dem Weg nach Tirúa, einem kleinen Ort an der südchilenischen Pazifikküste. Hier sollten sich am Wochenende Windsurfer aus Bariloche mit ihren chilenischen Freunden treffen, und vorhergesagt war viel Wind und Sonne. Das war das Einzige, was wir zu diesem Zeitpunkt über Tirúa wussten.

Gegen Mittag kamen wir dort an. Niemand war auf der Straße, und mir fiel auf, dass viele Häuser leer standen und sogar verfallen waren. Vielleicht ziehen die jungen Menschen nach Temuco, die nächstgrößere Stadt, dachte ich. Gleichzeitig aber gab es neue Gebäude, eine Bank, eine Stadtverwaltung, eine neu angelegte Küstenpromenade und ein Feuerwehrhaus. Im Gras, am Straßenrand, sah ich zwei schlafende Männer liegen. Kurz vor der Flussmündung, am Ufer, stand eine noch nicht fertig gebaute Holzbude, mit ein paar Stühlen und Tischen davor. Es schien ein Kiosk zu sein, an dem man etwas zu essen und zu trinken kaufen konnte. Ganz in der Nähe lagen ein paar kleine bunte Fischerboote. Wir suchten den Strandabschnitt der Windsurfer, verließen die Straße und fuhren außerhalb des Ortes über schwarzen Lavasand, direkt am Wasser entlang. In einer kleinen Bucht vor dunklen Felsen, die in den Pazifik ragen, als hätten sie eine Nachricht für die andere Seite des Ozeans zu verschicken, sahen wir dann die bunten Segel zwischen schäumenden Wellen auf dem Wasser.

Ein paar Surfer waren weit draußen, andere gerade dabei, sich vorzubereiten. Die Sonne knallte auf den schwarzen, heißen Sand, aber die Luft war noch kühl. Es war Frühling auf der Südhalbkugel, und mir fielen gleich die vielen für mich unbekannten Blumen zwischen den Felsen der Steilküste auf. Da, wo der Sand feucht und fest ist, hatte man aus dünnen Latten ein Tor aufgebaut, ein Mädchen und ein Junge spielten Fußball.

Martín begrüßte seine Freunde, und ich wusste, dass er spätestens zwanzig Minuten später im Wasser sein würde. Ich holte meine Kamera raus und suchte einen Punkt ganz oben auf einem der Felsen, von wo aus ich gut Fotos machen konnte. Ich brauchte einen stabilen Platz, dass ich mich hinsetzen konnte. Mein Blick ging weit aufs Meer hinaus zum Horizont, wo sich Licht und Wasser berühren. Wenn sich die ganze Aufmerksamkeit entlang einer Linie auf einen Punkt weit weg in der Ferne richtet, ist es umso wichtiger, gleichzeitig gut platziert zu sein, Erdkontakt zu spüren, egal ob im Stehen oder im Sitzen. Ich fühlte also tief in den Felsen hinein und schaute dann durch die Kamera wie durch ein Fernglas.

Vom Windsurfen verstehe ich nicht viel. Um gute Fotos zu machen, ist es auch nicht unbedingt nötig. Ich nehme einfach nur wahr, beobachte und vertiefe mich mehr und mehr in das, was ich sehe. Der Rhythmus der ankommenden Wellen, die Stärke des Windes und die Absicht des Surfers bestimmen das Geschehen, in das ich immer mehr eintauche. Hinzu kommt die Dimension des Lichtes, das sich an diesem Tag nur langsam veränderte.

Martín erkenne ich, wenn nicht an der Farbe seines Segels, an seiner Körperhaltung. Ich verfolge ihn durch meine Kamera hindurch. Zuerst fühle ich mich in die Wellen, dann in ihn und das, was er vorhat. Und je tiefer ich mich einlasse, umso besser erahne ich schon im Voraus, wann er springen möchte. Ich bin er, das Wasser, der Wind und das Licht gleichzeitig. Und genau in diesem Moment drücke ich auf den Auslöser. Der Sprung ist im Kasten, und ich möchte am liebsten selber vor Freude in die Luft springen. Aber das geht natürlich nicht, denn ich sitze auf einem Felsvorsprung, und vor mir ist der Abgrund. So konzentriert zu sein lässt mich alles um mich herum vergessen. Ich tauche erst wieder auf, wenn mir wirklich der Wind um die Ohren saust und ich bis auf die Knochen durchgefroren bin.

Noch am gleichen Abend saßen wir mit Surferfreunden auf dem Deck einer Hostería, ein paar Kilometer südlich von

Tirúa, direkt am Pazifik. Eine Hostería ist ein Gasthof. Zu diesem gehört ein riesiger Blumengarten, Gemüsebeete, Gewächshäuser und eine enorme Steilküste mit schwarzem Lavastrand.

Es war diesig, aber wir konnten die Silhouette der Insel Mocha (Abb. 4) erkennen, die ungefähr vierzig Kilometer vor der Küste liegt. »Es ist die Insel, von der die verstorbenen Seelen des Festlandes ins Jenseits gehen«, so hatte es mir Oscar, der Sohn der Besitzer, am Nachmittag erklärt. »Dort brennt an manchen Stellen das Meerwasser«, fügte er noch hinzu. »Man braucht aber jemanden, der einem die Stellen zeigt.« Ich war neugierig geworden und wollte mich später genauer erkundigen.

Oscar war der Sohn einer Mapuche-Familie. Gemeinsam führten sie die Hostería. Mónica, seine Mutter, sollte uns ein Abendessen zubereiten, so war es vereinbart, und Pedro, ihr Mann, zeigte uns das Gelände und den kleinen Pfad hinunter zum Strand. Wir sprachen über Naturschutz, und er erzählte von den Interessen der Fischindustrie, die hier im Süden große Küstenregionen aufkaufen, um Lachs zu züchten. Er würde sein Land nie abgeben, denn, so sagte er: »Wer sein Land verkauft, verkauft seine Mutter.«

AUF EINEM HOLZDECK HATTE ER UNS EINE »TINA«, eine hölzerne Badewanne, eingeheizt, wo wir uns mit den anderen treffen wollten, um den Tag zu verabschieden. Zwischen Myrten- und Maquibäumen sitzend erzählten wir uns Geschichten, als uns plötzlich unser Freund Tommy aus Bariloche auf etwas aufmerksam machte.

»Schaut mal«, sagte er nur und zeigte auf den Pazifik. Als ich mich zum Ozean hin umdrehte, sah ich auf der Meeresoberfläche ein riesiges Schachbrettmuster. Es waren unzählige leicht verschobene Quadrate, die sich über weite Teile der Wasseroberfläche Richtung Norden gebildet hatten. Sie bewegten sich sanft, und die ganze Oberfläche wirkte plötzlich wie ein glitzerndes kariertes Seidentuch, durch das eine leichte Brise wehte. Dieses Seidentuch fühlte sich so weich und gut an, dass es mich für einen kurzen Moment einhüllte und zu meinem eigenen Leben wurde.

Ich spürte die weit entfernt aus den tiefen Abgründen meiner eigenen Entstehungsgeschichte auftauchenden Grundwellen, die sich mit den kleineren Wellen des frischen Tageswindes zu meiner stillen Freude kreuzten. In der Ordnung des Wassers und diesem einen glitzernden, hell leuchtenden Moment verbargen sich die ganze Schönheit des Tages.

Die Windsurfer kennen dieses Phänomen. Das Kräftefeld entsteht, wenn der Swell, die Dünung oder der Wellengang, der durch einen Sturm auf hoher See entsteht, sein Windgebiet verlässt und sich über Tausende von Kilometern bewegt, um sich irgendwo einer Küste zu nähern. Trifft dieser Seegang dann auf Wellen, die aus einer anderen Richtung kommen, formen beide Kräfte gemeinsam ein außergewöhnliches Muster auf der Meeresoberfläche. Ich hatte so etwas noch nie zuvor gesehen. Man nennt es »Kreuzsee«.

Pedro hatte mir den schmalen Pfad gezeigt, der hinunter führt zu einem kleinen Strand, und weil das Meer gerade weit draußen war, konnte ich ohne Gefahr schwimmen gehen. Es war ein etwa zwanzigminütiger Weg, ein kleiner schmaler Pfad durch einen Dschungel, in dem Geier dicht an meinem Kopf vorbeiflogen und kreischten, weil ich sie aufgeschreckt hatte.

Zwei Hunde, zu wem auch immer sie gehörten, begleiteten mich, sodass ich mich auch wirklich ein bisschen beschützt fühlte. Und dann kam ich ganz unten in der kleinen Bucht an. Die Insel Mocha, von der mir Oscar erzählt hatte, lag vor mir, und ich erinnerte mich, dass Martín mir erzählt hatte, dass es nur zwei Möglichkeiten gibt, auf diese Insel zu kommen. Entweder man steigt in ein kleines Flugzeug, das einen hinüberbringt, oder man nimmt ein Fischerboot. Beides ist riskant, denn seit 2010 waren schon neun Personen tödlich verunglückt, weil die Winde hier sehr tückisch sein können und die kleinen Motorflugzeuge bei schlechten Wetterbedingungen ins Meer stürzen. Und ein Fischerboot ist nur bei Windstille eine gute Idee. Sollte ich also meinen Plan aufgeben? Ich nahm mir vor, mehr über die Insel zu erfahren.

Es waren nicht einfach nur ein paar Windsurfer, die sich in Tirúa getroffen hatten, sondern es fand das vierte Windsurffestival statt, das Tommy, ein Argentinier aus Bariloche, jedes Jahr gemeinsam mit der Gemeinde von Tirúa organisiert. Stände waren aufgebaut, es gab Kuchen, Bier, Eier mit hellgrüner Schale, Brot, Teppiche und Umhängetaschen aus farbiger Wolle und viel Musik. Abends sollte eine Band spielen. Als Martín und ich am Morgen des Festivals eintrafen, kam uns eine kleine Gruppe Mapuche-Kinder entgegen. Sie trugen ihre traditionelle Kleidung, waren barfuß, wirkten ein bisschen unsicher und hatten Musikinstrumente in der Hand. Sie waren auf dem Weg ins Zuschauerzelt, wo der Bürgermeister der Mapuche-Gemeinde von Tirúa eine Rede halten sollte. An einigen Ständen qualmte die Kohle auf dem Grill.

Es war noch vor Mittag, und ich holte mir einen Kaffee, den ich in einem kleineren Zelt trank. Weil mir die Kamera um die Schulter hing und ich auch schon ein paar Fotos gemacht hatte, war einer der Mitveranstalter der Gemeinde neugierig geworden und setzte sich zu mir. Wir kamen ins Gespräch. Ich fragte ihn nach dem Erdbeben aus dem Jahr 2010, das sein Epizentrum über 150 Kilometer nördlich von Tirúa im Meer gehabt und viele Orte in Südchile zerstört hatte.

Er erzählte: »Das Schlimmste für uns war ja nicht das Meeresbeben, sondern der darauffolgende Tsunami. Wenn man so nah am Meer wohnt, bleibt einem nur übrig, sofort auf die nächste Anhöhe zu flüchten und abzuwarten. Zuerst kam eine große Welle, dann zog sich das Meer für eine kurze Zeit viele Meter weit zurück, und ein unter dem Wasser liegendes Riff war plötzlich zu sehen. Die Welle baute sich weit draußen im Meer wieder auf, um zurückzukehren. Als hätte sie Anlauf genommen, war sie so mächtig geworden, dass sie weite Teile unseres Ortes zerstörte. Häuser, die direkt an der Küste standen, nahm das Meer einfach mit, Autos schwammen im Wasser, Menschen schrien …«, und ich bemerkte, wie seine Hände langsam anfingen zu zittern.

Ich wollte ihn noch fragen, wie es sich anfühlt, überlebt zu haben, als ich sah, dass seine Augen plötzlich leuchteten. Ich spürte, wie schwer es ihm auch nach acht Jahren noch fiel, über diesen Tag zu sprechen. Dann nahm er meine Hand, rückte sie auf der Tischplatte vor ihm ein wenig in Richtung seines eigenen Herzens und sagte eindringlich: »Wir können nicht von hier weg, wir müssen hierbleiben, denn die, die am Meer leben, haben das Meer in sich. Wir können uns nicht ohne Meer begreifen.«

Für einen Moment wurde es ganz still zwischen ihm und mir, und wir schauten uns in die Augen. Dort sah ich, dass sich etwas in ihm verändert hatte, ein kleiner Blitz, ein Funkeln erhellte sein Gesicht. Und wir hörten die Mapuche-Kinder singen, die begonnen hatten, für ihren Auftritt zu proben. Es verging ein langer Augenblick, bis ich ihm sagen konnte, was für eine Überraschung es für mich war, so ein schönes Fest anzutreffen, und gemeinsam gingen wir in das größere Zelt, um die Rede des Bürgermeisters, des ersten und einzigen Mapuche-Bürgermeisters Chiles, anzuhören.

Viel später, in einem Café in Bariloche, erzählte mir Tommy, der Windsurfer, dass er einen Tag vor dem Meeresbeben und dem darauffolgenden Tsunami im Jahre 2010 mit Freunden in der Bucht von Tirúa surfen gewesen war, als plötzlich Millionen grauer Vögel aus dem Norden über sie hinweggeflogen waren. Erst hatten sie gedacht, es sei Rauch oder aufkommender Nebel gewesen, bis sie die Vögel erkannt hatten, die so groß waren wie Möwen oder Tauben.

Eine ganze Weile lang war diese Schar hoch oben über ihre Köpfe hinweg Richtung Süden geflogen. Schon viele Jahre surften sie gemeinsam in dieser Bucht. Pelikane und Delfine kamen manchmal in kleinen Gruppen vorbei, Seelöwen und sogar Wale tauchten hin und wieder auf, aber so etwas Gigantisches hatten sie noch nie gesehen. Diese eine Wolke aus Millionen Vögeln hatte sich aufgebäumt, gedroht, Kurs Richtung Festland genommen, war wieder zurückgewichen ins Meer hinaus und nur ganz allmählich entlang des Küstenstreifens Richtung Süden verschwunden. Die Männer waren beeindruckt gewesen, hatten den Vögeln noch nachgeschaut, aber sich entschieden, das Meer zu verlassen und ihre Sachen einzupacken. Etwas hatte sie irritiert. Etwas war anders als sonst gewesen. Aber in jenem Augenblick hatten sie keine Ahnung von dem gehabt, was genau einen Tag später in derselben Bucht vor Tirúa passieren sollte. Nur die Vögel hatten gefühlt, dass sich die Erde ganz mächtig bewegen würde.

ICH HATTE IN TIRÚA NICHT SO VIELE MÖGLICHKEITEN, mehr über die Insel Mocha zu erfahren, denn alle waren mit dem Festival beschäftigt. Also schaute ich in meinem Wörterbuch die Bedeutung von *Mocha* nach – und war erstaunt. Das Wort *Mocha* bezeichnet den alten Glauben, »dass die Vorfahren sich in Wale verwandeln und die Seelen der Toten Richtung Sonnenuntergang bringen.« Am Abend fragte ich Mónica nach dieser Bedeutung, und sie erzählte mir von der Überlieferung ihrer Vorfahren: »Hier in diesen Gewässern um die Küste und um die Insel Mocha herum leben vier weiße Wale, die die Seelen der Verstorbenen von ihrer Totenzeremonie, wo sie noch eine Weile als verstorbene Seelen zwischen ihren Angehörigen umherwandeln, abholen und zu einem Ort bringen, der sich Ngillchenmaywe nennt. Ein Ort im Westen, Richtung Sonnenuntergang, ein Ort, wo die Leute sich versammeln, ein Aufenthaltsort der verstorbenen Seelen. Von dort aus«, so erklärte mir Mónica, »passen sie auf ihre Angehörigen auf der Erde auf. Diese vier Wale sind vier Frauen, die verwandelt wurden, um die Reise der Verstorbenen jeden Tag bei Sonnenuntergang zu vollziehen. Kein Lebender kann sie sehen. Ihre Aufgabe ist es, die Seelen der Verstorbenen auf die Insel Mocha zu bringen und ihnen bei der Umwandlung vom Seelenzustand *püllü* in den Seelenzustand *alwe* zu begleiten, damit sie dann weiter Richtung Sonnenuntergang ziehen können. An den Leichnam des Verstorbenen hängen sie türkisfarbene Steinchen als Lohn für den Transport.«

MIR WURDE KLAR, DASS NICHT NUR die Schwellenmomente Leben und Sterben Prozesse sind, sondern auch das Totsein selbst. Aus der Perspektive der Lebenden ist das Totsein ein Wegsein,

ein Zustand. Wir hier auf der Erde erleben das so, wenn jemand uns verlässt. Die Mapuche schauen hinüber, sie schauen weiter, und haben für jeden Seinszustand nach dem Tod ein unterschiedliches Wort, je nachdem, wo sich der Geist des Verstorbenen aufhält, ob er noch zu seiner eigenen Trauerfeier kommt, um von den Angehörigen Abschied zu nehmen, oder ob er sich auf der Insel Mocha befindet oder schon mit allen anderen Seelen im Westen ist, hinter dem Sonnenuntergang. Sie nehmen jeden Schritt der Reise wahr und kennen die Bedeutung der unterschiedlichen Seinszustände.

Mónica fragte mich, ob ich noch ein bisschen Zeit hätte, denn sie wollte mir noch etwas zeigen. Natürlich hatte ich Zeit, ich wurde ganz neugierig, und wir gingen gemeinsam den kleinen Pfad hinunter Richtung Strand. Auf halber Höhe kamen wir zu den zwei Meter hohen, aus Eiche geschnitzten Gestalten, von denen einige ihre Gesichter in Richtung Westen wandten und über den Pazifik schauten, andere wiederum Richtung Landesinnere (Abb. 5).

»Wir nennen diese Skulpturen *Chemamüll*, es sind die Wächter der verstorbenen Seelen. Sie helfen bei der Reise in das Land des Sonnenunterganges«, erklärte mir Mónica.

Mein Blick schweifte von den Holzskulpturen hinüber zur Insel, deren Umriss sich in diesem Moment ganz klar vom Pazifik abgrenzte, sodass ich dort nicht nur die Hügel, sondern auch das flachere Land erkennen konnte. Über der Insel lag ein leuchtender Dunst, und zwischen den in der Sonne glitzernden Wellen sah ich ein Fischerboot.

Mónica musste zurück, um das Abendessen zu kochen. Ich bedankte mich bei ihr, und wir gingen gemeinsam hinauf zu ihrem Wohnhaus. Doch bevor sie in ihre Küche ging, hielt sie an, winkte mir und öffnete die Tür zu ihrer Werkstatt.

Dort produzierte sie Silberschmuck, Decken und Wandbehänge. Die Wolle für ihre Produkte kam von den Schafen auf der vorgelagerten Insel Mocha. Sie spann sie selbst und färbte sie mit den Pflanzensäften aus ihrem Garten. Die grüne Farbe ihrer Decken gewann sie aus einer rhabarberähnlichen Pflanze mit riesengroßen Blättern, die manchmal so groß sind, dass man sich bei Regen unterstellen kann. Auf Spanisch heißt sie *nalca*. Die Stängel sind zwar stachelig, aber man kann sie essen, das wusste ich, denn ich hatte Kinder am Strand gesehen, die die Pflanzenteile mit einem scharfen Gewürz gegessen hatten. Mónica zeigte mir zwei Wollknäuel, einen hell- und einen dunkelgrünen.

»Sie sind beide von derselben Pflanze, nur habe ich die hellgrüne bei Neumond und die dunkelgrüne Wolle bei Vollmond gefärbt«, erklärte sie mir. Beide Male hatte sie das gleiche Verfahren angewandt, aber jeweils ein anderes Ergebnis erhalten. Es sind Zeit und Raum, die wir längst nicht mehr als mitgestaltende Dimensionen erkennen. Zeit und Raum sind eigene Wesen, können sich selbst verändern und fügen immer das Ihre hinzu.

Ich kaufte eine große Tagesdecke aus Wolle für unser Haus und eine Silberkette für mich. Am Tag darauf fuhren wir wieder nach Hause, nach Bariloche.

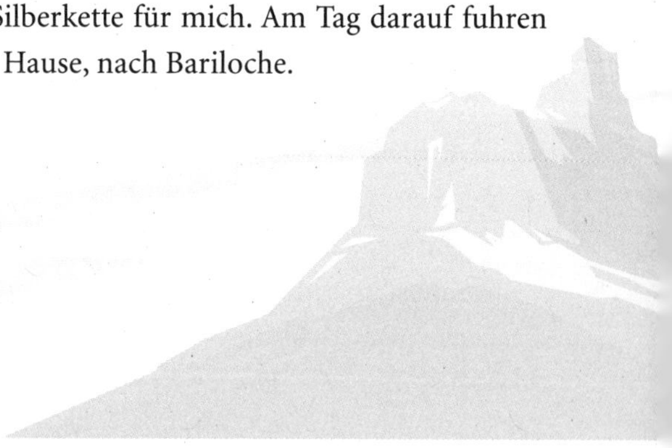

»Katastrophe« –
ein Wort wie ein Tsunami

MATTHIAS' HANDY WAR MIT IHM VOM DACH GEFALLEN. In der Unfallnacht suchten wir es gemeinsam mit der Polizei. Wir dachten, es würde uns helfen, erklären zu können, was genau passiert war. Das Krankenhaus hatte die Polizei verständigt. Das tun sie immer, wenn ihnen niemand genau die Unfallursache erklären kann. Zwei Kriminalbeamte kamen mitten in der Nacht zu uns, und gemeinsam versuchten wir, den Vorgang zu rekonstruieren. Wir suchten und suchten und konnten uns auch gemeinsam nicht erklären, was passiert war. Ein Kriminalbeamter bat mich, ihn eine Weile allein in Matthias' Zimmer zu lassen. Er wollte intuitiv wahrnehmen, was sich dort abgespielt haben könnte. Er erspürte nichts Gewaltsames und fand keine Erklärung.

Bis wir dann das Handy im Gebüsch neben der Stelle fanden, an der Matthias gelegen hatte. Das Display war zersplittert, aber das Handy funktionierte noch. Wir lasen seine letzte Whatsapp-Notiz: »Hole dich morgen um 8.30 Uhr ab, geh noch eine rauchen. Bis dann.« Gemeint war ein junges Mädchen aus einem Nachbarort, das er abholen wollte, um gemeinsam zur Uni zu fahren. Er hatte gerade angefangen zu studieren und knüpfte die ersten Kontakte.

Gleichzeitig wurde uns klar, dass er auf das Vordach gegangen sein musste – und auch warum. Er hatte eine Zigarette rauchen und sein Zimmer nicht verqualmen wollen. Dass er das schon öfter getan hatte, wussten wir nicht. Sein Feuerzeug und eine Zigarette fanden wir kurz darauf auch auf dem Boden unterhalb seines Fensters.

Drei Jahre später, wie in einem Flashback, erinnerte sich Matthias plötzlich daran, wie er gestürzt war. Das Display des Handys hatte ihn in der Nacht beim Schreiben auf dem Dach geblendet, sodass er aus Versehen einen Schritt zu viel gemacht hatte. Es war der Schritt, der ihn stürzen ließ. Aus Versehen, ein Unfall.

Sein Handy funktionierte, nur das Display war kaputt. Da wir seine PIN nicht kannten, hüteten wir es wie ein Feuer, das nicht ausgehen durfte. Wir nahmen es mit ins Krankenhaus, sahen, dass Freunde geschrieben hatten, die noch nicht wussten, was passiert war, und wir fragten uns, wie wir damit umgehen sollten. Doch dann kam mir eine Idee.

Ich ging sofort nach Hause und machte Martín den Vorschlag, dass Matthias' Freunde ihm doch schreiben und Musik schicken könnten, die wir ihm dann im Krankenhaus vorspielen könnten.

Er fand die Idee gut und schrieb ihnen. Täglich kamen Musikstücke an, Textpassagen, Wünsche, Hoffnungen und wieder Musik. Von Sol aus New York, seinem Bruder Tomás, den Freunden und Freundinnen aus der Schule und vielen mehr, die wir gar nicht kannten.

Im Krankenhaus hielt Martín das Handy behutsam an Matthias' Ohr, erklärte ihm, von wem die Musik kam, und spielte sie ab. Musik ist Schwingung, und Matthias nahm sie wahr. Etwas in ihm ging in Resonanz. Diese Musik brachte ihn auf eine Wellenlänge mit seinen Freunden, und diese Energie bewegte sich durch das Zimmer der Intensivstation.

AUCH WIR MERKTEN PLÖTZLICH, wie wichtig für uns Musik wurde. Im Auto hörte ich immer wieder »*Gracias a la vida*« von MERCEDES SOSA, und auch Zeilen von CELIA CRUZ begleiteten mich täglich. »*Hay tantos caminos para volver.*«[4] (»Es gibt so viele Wege, um zurückzukommen.«) Ich habe noch nie so viel Musik gehört wie in dieser Zeit, und es hat mir richtig gutgetan.

Später, als Matthias wieder wach war und lernen musste zu verstehen, wie viel Zeit inzwischen vergangen war, haben ihm all die Einträge und die Musik seines Bruders und seiner Freunde geholfen.

Wo das Handy heute ist und was er damit gemacht hat, weiß ich nicht, damals war es für uns alle ein Rettungsanker.

DIE ÄRZTE DER INTENSIVSTATION sprachen nicht oft mit uns, aber wenn, dann waren sie fast nicht zu verstehen. Kamen sie zur Visite zusammen mit den Schwestern und Pflegern, habe ich immer den Raum verlassen. Ich suchte eher das Einzelgespräch mit einer Person. Sie benutzten eine medizinische Fachsprache, in die ich mich nicht hineindenken wollte. Ich merkte mir keine Begriffe und wollte auch nach einem Gespräch dazu nichts im Internet nachschauen. Ich habe versucht, alles zu erfühlen, und reagierte umso sensibler auf Sätze wie: »Heute ist sein Zustand ein bisschen stabiler, gestern war es eine Katastrophe.«

ES IST WAHRSCHEINLICH SEHR SCHWER, sich vorzustellen, wie hypersensibel und gleichzeitig hoch angespannt ich in diesen Gesprächen war. Mein System, mein Gefühl und jede Zelle meines Körpers reagierten bei diesem Satz nicht auf die vielleicht gut gemeinte Intention des Arztes, mir Hoffnung zu machen, sondern nur auf das Wort »Katastrophe«. Das Wort ging wie ein Tsunami durch meinen ganzen Körper, löste Panik in mir aus und ließ mich innerlich vibrieren. Mir war nur nach Weglaufen, ich musste mich aber zusammenreißen, beherrschen und freundlich bleiben. Ich wusste, dass die Ärzte alles gaben, wirklich alles, was sie geben konnten, um unserem Sohn das Leben zu retten. So sagte ich mit aller Anstrengung einfach und leise: »Danke, bis morgen«, und konnte gehen, damit sich ganz allmählich der Tsunami in mir beruhigen konnte.

MANCHMAL VERLIESSEN DIE ÄRZTE DAS TERRAIN ihres Fachjargons und sprachen von Hoffnung. Auch das war gut gemeint. Doch ich fühlte sofort, wie dünn das Wort war, wie es mir die Kehle zuschnürte und die Energie raubte, die ich in diesen Wochen so nötig brauchte. Wer hofft, hat Angst. Und Angst ist ein schlechter Begleiter. Für einen Moment habe ich das Wort »Hoffnung« in mir schwingen lassen und sofort die Schwäche gespürt, die es ausstrahlt. Hoffnung und Hilflosigkeit liegen zu dicht beisammen. Hoffen war mir zu wenig, es reicht in einer Krisensituation nicht aus, um das Geschehen zu erkennen, zu verstehen und um zu fühlen, was passiert, was genau vorgeht. »Hoffnung ist die Schwester des Leidens«, hatte mir mal jemand gesagt. Und mir fiel wieder das Lied von Celia Cruz ein, in dem sie singt: »*Me sobra la esperanza …*«. »Ich habe Hoffnung in Fülle« oder »Hoffnung habe ich zur Genüge«, so würde ich diese Zeile frei übersetzen.

Vielleicht hatte sie die Schwäche des Wortes gespürt und versucht, diesem Wort einen kraftvollen Verstärker hinzuzufügen.

TOMÁS IST UNSER JÜNGERER SOHN. Er ist ruhiger und besonnener als sein größerer Bruder und hat die Fähigkeit, sich einfach unsichtbar zu machen. Hat man in einem Moment noch mit ihm geredet, so ist er eine Sekunde später komplett von der Bildfläche verschwunden.

Als Kind hat er das noch öfter getan. Mit drei Jahren lief er allein vom Kindergarten nach Hause, war noch viel zu klein, um an die Klingel zu gelangen und musste hochspringen, um den Knopf zu drücken. Mit sechs holte ich ihn einmal vom Fußball ab, er stieg hinten auf den Rückfahrersitz und – ich weiß nicht, wie er es gemacht hat – stieg im gleichen Moment wieder aus. Ich fuhr los und merkte erst zu Hause, dass er gar nicht dabei war.

In der Unfallnacht hatte er im Halbschlaf einen Schlag gehört, aber er konnte das Geräusch nicht einordnen und schlief weiter. Als wir später Matthias ins Krankenhaus fuhren, war er wach, und wir ließen ihn allein zu Hause. Ich weiß bis heute nicht, ob das gut war. Am darauffolgenden Tag ging er wieder in die Schule. Das war seine Entscheidung. Wir waren einverstanden. Das Schuljahr hatte gerade begonnen, und er brauchte neue Bücher. Niemand hatte Zeit, sich darum zu kümmern. Und als ihn die Englischlehrerin nach ein paar Tagen fragte, warum er das Arbeitsbuch noch nicht hatte, antwortete er: »Mein Bruder liegt im Koma. Und keiner hat zu Hause daran gedacht.« Die Lehrerin nahm ihn gar nicht ernst, und als sie einfach nur erwiderte: »Das kannst du deiner Oma erzählen«, war die ganze Klasse empört und protestierte. Seine Lehrerin hatte nicht verstanden, dass es kein dummer Witz von Tomás war.

Am Nachmittag erzählte er mir davon, und mir wurde klar, dass ich dringend die Schulleitung informieren musste. Ich schrieb eine E-Mail an den Direktor, der meine Zeilen im Lehrerzimmer an einer Infowand aufhing.

Ein paar Tage später rief mich dann auch eine Lehrerin an, eine andere, die schon mit Tomás gesprochen hatte, um ihm zur Seite zu stehen. Sie war mutig und teilte mir als Erstes mit, dass sie nicht nur Deutsch- und Religionslehrerin, sondern auch Sterbebegleiterin sei. Das war ein Wort wie »Katastrophe«, nur diesmal löste es keinen Tsunami in mir aus. Ich schluckte es weg, atmete tief durch und hörte ihr ruhig zu. Sie fand warme und gute Worte, die mir halfen. Ich war froh, dass Tomás einen Menschen in der Schule hatte, an den er sich wenden konnte. Mitgefühl ist eine heilende Schwingung. Sie hilft jenseits der Worte.

IN DER ERSTEN WOCHE, IN DER MATTHIAS IM KOMA LAG, sollten zwei argentinische Freunde aus Frankreich kommen. Gemeinsam wollten sie mit Martín, Tomás und Matthias zu einem Fußballspiel in Gelsenkirchen gehen, so war es verabredet. Argentinien spielte gegen Deutschland. Die Freunde kamen und gingen mit Martín und Tomás wie verabredet zum Spiel, nur ohne Matthias.

Ich weiß nicht mehr, wer gewonnen hat. Aber auf dem Rückweg hörten sie CELIA CRUZ' Lied, sangen laut mit, fühlten ihre enorme Power und brachten diese geballte Energie mit auf das Zimmer der Intensivstation. Sie hatten sich mit dem Handy selbst aufgenommen und spielten es Matthias vor.

»*Hay tantos caminos para volver.*« Es gibt so viele Wege, um zurückzukehren, singt sie als Exilkubanerin, mit dem festen Glauben, irgendwann wieder nach Kuba zurückkommen zu können. Für uns sollte Matthias wieder einen Weg finden, auf dem er zurückkommen konnte. Für uns war es das Aufwachen aus dem Koma, an das wir mehr als glaubten.

Später, als er wieder wach war, schaute er sich oft die Tore an, die Argentinien an diesem Tag geschossen hatte. Seine Eintrittskarte hing noch lange an unserem Kühlschrank.

DAS SPANISCHE WORT FÜR HOFFNUNG ist *esperanza* und kommt von dem Verb *esperar*, »warten« oder »erwarten«.

Aber das Warten oder Abwarten neben seinem Bett auf der Intensivstation reichte mir nicht aus. Ich wollte ins Tun kommen, aktiv sein und helfen, merkte aber bald, dass es nichts zu tun gab. Ich begleitete einfach nur einen tiefen Schlaf, den die Ärzte überwachten, um Matthias' Körper im Gleichgewicht zu halten. Sie überwachten und hüteten diesen Raum, damit die Seele frei entscheiden konnte, zu gehen oder zurückzukommen. Meine Aufgabe war es, da zu sein. Und dieses Dasein, diese Anwesenheit mit allen Sinnen, war kein Warten oder Abwarten, es war eher ein Erwarten, ein Sich-Öffnen für alles, was da kommen wollte. Für alles. Das war nicht einfach. In der Ruhe der Nacht schaffte ich es manchmal.

*

MEIN VATER HATTE WÄHREND DER UNFALLNACHT den Ärzten im Operationssaal in Krefeld geholfen und mit seiner Anwesenheit auch meine Nerven gestärkt. Das war für mich kein Wunder, denn er war von Beruf Arzt gewesen. Früher hatte er eine große Landarztpraxis in einem kleinen Ort in Nordhessen. Seine Praxisräume lagen direkt neben dem Wohnzimmer im Haus meiner Eltern. Wenn das Wartezimmer zu voll wurde, durften die Patienten auch manchmal auf unserem Sofa sitzen, und er stellte ihnen den Fernseher an.

Am Anfang seiner Berufslaufbahn, das war Ende der Vierzigerjahre, besuchte er seine Patienten erst zu Fuß, dann mit dem Fahrrad und ein paar Jahre später mit einem Motorrad. Bis er sich ein Auto kaufen konnte.

Vormittags arbeitete er in seiner Praxis, nachmittags behandelte er seine Patienten in den umliegenden Dörfern. Das war auch noch so, als ich schon älter war und ihm helfen musste – als Schreibkraft in seiner Praxis und als Begleiterin zu seinen Patienten. Er fuhr sein Auto nicht gern selbst, also tat ich es, wenn ich zu Hause war. Ein alkoholvergifteter Jugendlicher, ein Kind mit einem lebensbedrohlichen Asthmaanfall oder Schwerverletzte, die unbedingt ins Krankenhaus gebracht werden mussten, gehörten zu meinen Krankentransporten.

Einmal explodierte nachts eine kleine Fabrik im Ort. Ich wurde wach, sah den rot gefärbten Himmel, weckte meinen Vater, und wir fuhren gemeinsam zum Unfallort. Wir kamen noch vor der Feuerwehr an. Ich ging an der Seite meines Vaters, der als Erstes in die Hallen ging und die Arbeiter aufforderte, die Fabrik zu verlassen. Er forderte die Menschen in den angrenzenden Wohnungen auf, die Fenster zu schließen, und schickte ein paar seiner Patienten unter den Schaulustigen nach Hause, denn er kannte ihren Gesundheitszustand.

Zu dieser Zeit hielten manche Haushalte Kanarienvögel in einem Käfig. Er bat die Besitzer, die Käfige ins Freie zu hängen und die Vögel zu beobachten. So wollte er testen, wie toxisch die Luft war. Ich blieb in dieser Nacht an seiner Seite und bewunderte seine innere Ruhe.

Der Hebamme im Ort half er bei schwierigen Geburten, und für die Leichenhalle hatte er einen eigenen Schlüssel. Ich war noch ganz klein, da rannte ich einmal zur Kirche, schlich mich an der Küsterin vorbei die Holztreppe hinauf und holte meinen Vater, der immer auf dem gleichen Platz neben der Kanzel saß, aus dem Gottesdienst, weil es einen Patienten gab, der dringend seine Hilfe benötigte.

Oder ich rannte mit einem Rezept in die Apotheke, weil er ein Medikament brauchte. Es war immer alles sehr eilig. Mein Vater liebte seine Heimat, die Buchenwälder, die Bachläufe und die bewirtschafteten Felder. An den Wochenenden ging er oft mit uns wandern, nahm auch alle Nachbarskinder mit und kannte jeden Hügel und jeden Weg. Mit fünf Jahren zählte ich schon alle Dörfer auf, die zum Kellerwald gehörten, und ohne dass er es mir ausdrücklich sagen musste, wusste ich auch, welche darunter seine Lieblingsdörfer waren. Er liebte seinen Beruf und seine Patienten. Und wenn er jemanden ins Krankenhaus überweisen musste, fuhr er selbst ein paar Tage später in die Kreisstadt, um ihn dort zu besuchen.

Manchmal fuhr er auch nach Marburg. Dann nahm er uns mit, und es gab Holländische Kirschtorte und heiße Schokolade im Café Spangenberg. Er hatte überlebt, und uns hat er beigebracht zu leben.

*

EIN PAAR MONATE BEVOR MATTHIAS VOM DACH FIEL, lag ich selbst im Krankenhaus. Ich hatte Krebs in Form eines bösartigen Tumors, der entfernt werden musste. Natürlich hatte ich Angst. Angst zu sterben, Angst, mein normales Leben nicht weiterführen zu können, Angst, dass sich jetzt alles verändern würde. Ich lag in Essen in einem guten Krankenhaus mit freundlichen Menschen.

Frühmorgens schon wurde ich in einen Raum gebracht, in dem ich auf die Operation vorbereitet wurde. Eine Krankenschwester begrüßte mich, und der Narkosearzt stand an meinem Kopfende, beugte sich über mich und legte mir eine Maske auf Nase und Mund. Ich hörte noch, dass er mit mir sprach, konnte ihn aber nicht verstehen.

Ich nahm einen tiefen Atemzug, während ich am Fußende des Bettes eine Gestalt in einem grauen Anzug durch die sich öffnende Tür zum Operationssaal gehen sah. Ich erkannte ihn. Es war mein Vater. Er war da, er war dabei. Das beruhigte mich, und ich schlief ein.

SPÄTER, IN DER ERSTEN NACHT NACH DER OPERATION, wachte er in einem Sessel am Fenster meines Zimmers. Er las ein Buch, sprach nicht mit mir, passte aber gut auf mich auf. So wie er früher seine Patienten im Krankenhaus besucht hatte, war er auch zu mir gekommen, um nach mir zu schauen und um darauf zu achten, dass es mir gut ging.

VIER WOCHEN SPÄTER JEDOCH, in der Unfallnacht von Matthias, hatte er mitgewirkt, war aktiv beteiligt gewesen, denn ich sah ihn später völlig erschöpft im leeren Operationsaal sitzen, während Matthias gerade auf die Intensivstation gebracht wurde.

Er saß in der hintersten Ecke des Raums, konnte kaum sprechen und hielt sein Gesicht in seinen Händen. »Es war sehr, sehr anstrengend«, signalisierte er mir. Ich hatte diese Nacht im Angehörigenzimmer der Station verbracht und nach vielen Stunden des Wartens beides gleichzeitig wahrgenommen: meinen erschöpften Vater im Operationsraum und Matthias, den man gerade vom Flur in sein Zimmer auf der Intensivstation geschoben hatte.

DASS MIR VERSTORBENE IN MEINEM LEBEN BEGEGNEN können, habe ich in diesen Tagen der höchsten Anspannung und Konzentration erfahren. So etwas wundert mich nicht mehr. Meine Vorstellung von dem, was real ist, hat sich erweitert. Es tun sich Räume abseits des Verstandes auf. Ich lasse es einfach zu. Anfangs habe ich mich noch erschrocken, aber das passiert immer seltener. Seitdem ich auch in diesen Situationen ganz ruhig bleiben kann, bekomme ich öfter Besuch. Und es fühlt sich gut an.

Aufstieg zur Laguna Negra

BARILOCHE, ODER EIGENTLICH SAN CARLOS DE BARILOCHE, ist eine kleine Stadt an einem großen und tiefen Gletschersee, dem Lago Nahuel Huapi (Abb. 6). Zur Hochsaison tummeln sich hier viele Touristen aus aller Welt. Der Ort ist umgeben von Bergmassiven, die nicht besonders hoch, aber sehr wild sind. Unwegsames Gelände beginnt direkt hinter dem Stadtkern, die Straßen führen entweder hoch in die Berge oder in die meistens viel heißere Steppe.

In der Innenstadt sind die Straßen asphaltiert, in den angrenzenden Stadtvierteln jedoch fährt man über steile Schotterpisten ohne Bürgersteige, durch manchmal riesige Schlaglöcher. Oft geht ein trockener Wind, der meistens am Nachmittag stärker wird. Dann sieht man die Windsurfer auf dem See.

Im Winter kann man oben in den Bergen Ski laufen. Cerro Catedral ist das größte und auch älteste Skigebiet in Lateinamerika. Das Material für die erste Seilbahn wurde von einer italienischen Firma in Mailand hergestellt. Jedoch wurde das Schiff, das die Gondeln, Motoren und Kabel nach Argentinien bringen sollte, im Zweiten Weltkrieg mitten auf dem Atlantik von einer Seemine getroffen und ging unter. Der Bau der Seilbahn verzögerte sich deshalb um ein paar Jahre. Seit neunzig Jahren gibt es einen »Club Andino«, mit dem deutschen Alpenverein vergleichbar. Die Mitglieder betreuen und bewirtschaften die umliegenden Hütten in den Bergen, kümmern sich um die Wege und geben Kletter-, Bergsteiger- und Skikurse. Ich hole mir dort vor jeder Tour die nötigen Auskünfte.

Seit Anfang des zwanzigsten Jahrhunderts ist die Gegend um die Stadt herum ein Nationalpark. Das Verwaltungsgebäude des Parks liegt an der Hauptstraße, unweit des Club Andino. In der Stadt gibt es das beste handgemachte Eis, das ich je gegessen habe, und in der Fußgängerzone reiht sich ein Schokoladengeschäft an das andere. »Rapa Nui« und »Mamuschka«, die beiden bekanntesten Cafés im Zentrum, ringen untereinander um die Spitzenposition. Der Ort hat zwei größere Buchhandlungen, eine neue Universität, mehrere Krankenhäuser, eine Hightech-Firma, die Satelliten produziert, und ein Atomforschungszentrum von internationalem Ruf. Das Kino ist leider vor Jahren abgebrannt. Außerdem sind die argentinischen Gebirgsjäger in Bariloche stationiert.

SEIT KURZEM LESE ICH DIE ZEITUNG DES ORTES, denn man hatte mir erzählt, dass ein junger Mann aus Buenos Aires vermisst wurde. Ich war zum gleichen Zeitpunkt in den Bergen gewesen und hatte öfter den Helikopter gesehen, der ihn suchte. Zweimal war er direkt neben mir gelandet. Der junge Mann war mit seinen Eltern in Bariloche angekommen, hatte sich mit Rucksack, Schlafsack, Essen und Isomatte ausgerüstet und ist allein zur Laguna Ilon gewandert. Zum vereinbarten Zeitpunkt war er nicht zurückgekommen, und die Familie benachrichtigte den Club Andino und die Bergretter. Er hatte sich nicht registriert, hatte keine genaue Route angegeben, deswegen suchte man ihn in einem riesigen Gebiet.

SPÄTER LAS ICH, DASS MAN IHN GEFUNDEN HATTE und dass es ihm zum Glück relativ gut ging. Er hatte seine Essensrationen eingeteilt und täglich nur 250 Gramm gegessen. Das hatte ihm zwar geholfen, um bei Kräften zu bleiben, aber er war vom Weg abgekommen und hatte komplett die Orientierung verloren. Erst mithilfe eines Spürhundes aus dem viel weiter im Norden liegenden Córdoba und dem wachen Instinkt einer Bergretterin hatte man ihn gefunden. Alle waren glücklich. Das Einzige, was man ihm vorwarf, war, dass er allein losgegangen war. Das tue ich hier auch immer, und ich frage mich, ob es gefährlich ist.

OFT WERDE ICH AUF MEINE ALLEINGÄNGE ANGESPROCHEN. Besonders auch, weil ich eine Frau bin. Man weist mich auf Gefahren hin, findet meine Touren zu riskant und möchte mich warnen. Aber wenn niemand da ist, der mit mir in die Berge gehen will, ist die Alternative eben auch nicht, zu Hause zu bleiben. Also packe ich meinen Rucksack und treffe ein paar Vorsichtsmaßnahmen.

Ich wähle meistens Routen, die ich schon kenne, weiß, hinter welcher Weggabelung ich keinen Handy-Empfang mehr habe, und mit im Gepäck ist immer ein externer Akku. Ich kenne die glimpflichen Stellen und sage Martín Bescheid, wohin ich gehe und wann ich wieder zurück sein möchte.

UND NOCH ETWAS: ICH BRECHE FRÜHER AUF, als es die Argentinier tun. Dann habe ich immer jemanden im Rücken. Nur wenn die Wetterlage stabil ist, gehe ich los.

Diesmal geht es zu einer Hütte an der Laguna Negra, zum Refugio Italia Manfredo Segre. Schon bei den ersten Schritten spüre ich ein bisschen von der inneren Freiheit, die sich beim Gehen einstellt. Martín hatte mich zum Ausgangspunkt der Route kurz hinter Colonia Suiza gebracht, von dort aus geht es mehrere Stunden an dem Fluss Arroyo Goye entlang bis zu einem Wasserfall, wo der eigentliche Aufstieg zum Refugio beginnt. Doch nach den ersten Metern sehe ich plötzlich ein provisorisch angebrachtes Schild: »*Hoy el refugio está lleno.*« (»Heute ist die Hütte voll.«) »Himmel!«, denke ich – und nach einer kurzen Pause entscheide ich mich dafür, trotzdem zu gehen, denn irgendwo wird es doch wohl noch einen freien Platz geben.

ICH GEHE ALSO WEITER, UND IN MIR VERSCHWINDET langsam die Aufregung darüber, dass ich das tue. Martín ist weg, der Weg liegt vor mir, und jetzt, da der äußere Lärm verschwindet, höre ich plötzlich, wie laut meine eigenen Gedanken sind: »Habe ich alles, was ich brauche? Wie viel Uhr ist es? Wie viele Stunden werde ich gehen? Was, wenn es dort oben doch keinen Platz mehr gibt?« Lauter unnütze Fragen, die mir nicht weiterhelfen. Ich lasse sie vorbeiziehen und konzentriere mich auf den Rhythmus meiner Schritte, was ungefähr dem Achten auf die Atmung gleichkommt. Das Bewusstsein sinkt langsam in den Körper. Leichte Brisen spürt die Haut direkt, und meine Füße finden jeden Schritt von allein, anfangs über einen weichen Waldweg, später über Geröll und kleine Felsen. Es geht. Dann geht es. Und die Gedanken gehen auch. Was bleibt, ist die Stille, die mit dem gleichförmigen Rauschen des Wildbaches an meiner Seite noch intensiver wird.

ES SIND ZWEI BIS DREI STUNDEN VERGANGEN, und mir ist noch niemand begegnet. Einmal den ganzen Körper kurz eintauchen an einer ruhigen Stelle des Baches, da wo sich ein tiefes Bassin auftut. Das erfrischt. Und mir fällt ein Gespräch mit einem Arzt der Intensivstation in Krefeld ein, auf der Matthias gelegen hatte. Er hatte mir von seiner Arbeit zwischen Leben und Tod erzählt.

Auf meine Frage hin, wie er das über all die Jahre aushält, zeigte er mir ein Foto von einem Blick auf eine Stadt und sagte: »Das ist mein Rescue-Point. Da bin ich nur ich selbst, da kann ich sein.« Ich verstand ihn sehr gut. Sein »Abseits« als sicherer Ort war eine Wohnung in Montmartre mit einem weiten Blick über Paris.

Ich verstand ihn sogar besser, als er es ahnte. Denn das Leben hatte mir ja selbst heftige Krisen beschert, aber was mich immer wieder gerettet hatte, waren diese Zeiten im Abseits, im Sein am Nullpunkt, zu dem ich zurückkam, je heftiger es im Leben wurde. Denn hier, auf meinem Weg durch die Berge, verliere ich mich nicht in der äußeren Welt und auch nicht im Verstand. Der Weg in die Katastrophe hatte mich direkt in meine Mitte geführt und von da aus in eine innere Freiheit. Das Gehen half mir dabei, es löste mich aus der schmerzenden Verhärtung meiner Muskeln und Gedanken, es löste mich aus den Schrecken und Ängsten heraus, in die mich die Ereignisse gebracht hatten. Das Gehen ließ mich tief durchatmen, den Boden unter meinen Füßen wiederfinden und in eine beruhigende Routine kommen.

Routine tat mir gut, denn sie schaffte mir eine Vorstellung von dem, was in den nächsten Minuten passieren würde. Ich wusste, es konnte immer anders kommen, aber einen Fuß vor den anderen zu setzen und das über Stunden und jeden Tag aufs Neue half mir. So kam ich weiter. Es gab immer ein Ziel, und manchmal konnte ich von ganz, ganz oben auf die Dinge schauen. Da waren das Tal, die Baumkronen, der See oder die Serpentinen, die ich gerade hochgestiegen war.

Mit dem Gehen ging meine Vergangenheit. Vor mir lag ein Weg. Manchmal traf ich andere Wanderer und stellte fest, dass ich nicht die Einzige war, die mit einer ernsten Geschichte unterwegs war.

DAS TOSEN DES WASSERFALLS WURDE IMMER LAUTER, und obwohl ich ihn noch nicht sah, belebte meine Vorstellung von so viel Kühlem meinen ganzen Körper. Bald war ich an einer Stelle, wo tief fallendes Wasser auf Felsen trifft und ich mein eigenes Wort nicht mehr verstehen konnte. Von dort aus ging es nur noch steil bergauf. Ich schaute entlang der Felswand in die Höhe, holte meine Stöcke aus dem Rucksack, nahm sie in die Hände und freute mich auf den Anstieg.

Es ging zunächst neben dem Wasserfall einen schmalen Pfad bergauf. An einem Wasserfall verändert sich die Luft, sie wirkt elektrisierend, erfrischend, wie nach einem Gewitter. Es herrscht ein Mikroklima, unterschiedliche Farne wachsen aus Felsspalten heraus. Es ging ein leichter Wind, ich spürte Wassertröpfchen im Gesicht, und seltenere Blumen tauchten auf. Und plötzlich sah ich durch einen Busch hindurch im Sprühnebel einen kleinen Regenbogen.

NACH EINER ANSTRENGENDEN STUNDE erreichte ich die Hütte, die malerisch direkt an einer Lagune liegt und von schwarzen Felswänden umgeben ist. Ich öffnete die Tür und trat in eine warme Stube, die Küche und Gastraum zugleich war. Zu meinem Erstaunen war der Raum fast leer, es saßen dort nur drei junge Männer, von denen einer auf der Gitarre spielte. »*Everything will be alright.*« »Das Schild im Tal galt für den vorherigen Tag«, erzählte mir später Julián, der Hüttenwirt. In der Nacht zuvor hatten zwei Schulklassen aus Buenos Aires hier übernachtet und vergessen, beim Abstieg das Schild mit dem Hinweis auf die voll belegte Hütte wegzunehmen. Ich hatte Glück, einen heißen Tee und einen wunderschönen Sonnenuntergang. Zum Abendessen gab es Linsensuppe, selbst gebackenes Brot und ein Glas Rotwein. Die Jungs waren Bierbrauer aus La Plata, einer argentinischen Stadt an der Atlantikküste. Sie waren die Einzigen, mit denen ich die Hütte teilte.

Im Ofen schmorrte ein großes Stück Rindfleisch, was sie in ihren Rucksäcken mit heraufgebracht hatten. Als es gar war, boten sie mir ein Stück davon an. Ich setzte mich an ihren Tisch, und sie erzählten mir, wie sie das Bierbrauen gelernt und bereits in La Plata ein kleines Unternehmen gegründet hatten. In Bariloche hatten sie am Tag zuvor an einem Seminar zur Herstellung von Bier teilgenommen.

Julián, der Hüttenwirt, setzte sich auch noch zu uns. Er stammte aus Buenos Aires und bewirtschaftete die Hütte schon seit mehreren Jahren.

Dann ging ich früh schlafen. Eine hölzerne Treppe führte in die obere Etage, wo Matratzen aneinandergereiht lagen. Ich hatte einen guten Schlafsack dabei, frieren würde ich also nicht. Den Wecker meines Handys stellte ich auf zwei Uhr nachts, denn ich wollte auf jeden Fall den Sternenhimmel sehen.

Ziemlich benebelt stand ich dann zu der geplanten Uhrzeit wirklich auf, fand auch im Dunkeln und ganz leise den Weg hinaus. In der eisigen Kälte war ich überwältigt vom Anblick des nächtlichen Himmels. Schon lange habe ich die Milchstraße nicht mehr so leuchten gesehen. Spätestens in so einem Moment gebe ich auf, alles erklären zu wollen, in allem einen Sinn zu sehen. Ehrfurchtsvoll schaute ich in die Weite.

Wenn Matthias das Handy in seinem Zimmer gelassen hätte, wenn ihn das Display beim Schreiben einer Nachricht nicht geblendet hätte, wäre er dann nicht vom Dach gefallen? Hätte er sich dann einfach nur auf die Dachkante gesetzt, vielleicht eine Zigarette geraucht und genau wie ich in den Sternenhimmel geschaut? Aber nein, so war es nicht gewesen. Er war manchmal unkonzentriert und ging genau diesen einen Schritt zu weit. Er stürzte. Wäre das Dach höher gewesen, hätte sich sein Körper noch drehen können, und er wäre nicht auf den Kopf gefallen.

DU LAGST DA EINE WEILE. DAS WAR KEIN KÜNSTLICHES KOMA, du warst bewusstlos, du befandst dich plötzlich zwischen zwei Sphären mit zwei Richtungen. Eine ging zurück in die Welt, in dein Leben, die andere Richtung aber geht nur die Seele allein und lässt den Körper bei uns hier auf der Erde. In dieser Nacht entschiedst du dich für das Leben, du wurdest wach, fandst den Eingang unseres Hauses und hast zum Glück ganz laut geklopft. Du wolltest überleben.

SO SOLLTE ES SEIN. SO WAR ES ENTSCHIEDEN WORDEN. Der Gedanke beruhigte mich, und ich ging zurück in die warme Hütte und legte mich wieder hin. Das Sein war noch da, und Anderswo war ein Ort, jetzt gerade hier in Patagonien. Mit dieser Klarheit und Gewissheit schlief ich ein.

Am nächsten Morgen wurde ich vom Hüttenwirt geweckt. Es war schon halb zehn, und ich wollte mich gerade beschweren, denn ausgemacht hatten wir halb acht. Julián lachte und sagte, dass er das meistens mit den Europäern so mache, denn die hätten es immer so eilig und seien so gestresst. Aber er wusste auch, dass ich anders als die Argentinier gerne frühstücke, und als ich die Leitertreppe herabstieg, sah ich unten am Tisch mein Frühstück vorbereitet: frischen Kaffee, das leckere selbst gebackene Brot, Butter und Dulce de Leche, ein Brotaufstrich auf Milchbasis.

Nach dem Frühstück brach ich auf, ohne mich zu beeilen, verabschiedete mich von den anderen und genoss den Abstieg in vollen Zügen. An der verabredeten Stelle wartete Martín schon auf mich und hatte zu meiner Überraschung ein Sandwich, eine Mandarine und eine Flasche eiskaltes Tonic Water mitgebracht.

EINIGE JAHRE SPÄTER GING ICH DIE GLEICHE STRECKE noch einmal. Diesmal begleiteten mich meine beiden Söhne, Tomás und Matthias. Sie waren für drei Wochen nach Bariloche gekommen. Das Wetter war viel schlechter, es war kalt, und wir stiegen auf und ab am gleichen Tag. Es war kurz nach Weihnachten, und in Bariloche waren schon viele Touristen angekommen. Kurz bevor wir die Hütte erreichten, fing es sogar an zu schneien. Zum Glück hatten wir warme Pullover, Mützen und Handschuhe dabei. In der Hütte machten wir uns einen Pfefferminztee mit zwei Liter heißem Wasser, das wir gratis bekamen, weil wir trockene Äste für das Feuer im Ofen vom Wegesrand mitgebracht hatten. Für unseren Hunger bestellten wir eine große Pizza zum Teilen, als ich plötzlich Julián erkannte, den Hüttenwirt aus Buenos Aires. »Bist du nicht Luca, aus Deutschland?«, fragte er mich. »Ja, klar, warum kannst du dich so gut an mich erinnern?« Ich war wirklich erstaunt.

»Gesichter kann ich mir nicht so gut merken, aber deine Stimme und deinen Akzent habe ich sofort wiedererkannt«, erklärte er.

Ich fragte mich, wie komisch mein Spanisch wohl sein musste, dass er mich an meiner Art zu sprechen wiedererkannte.

DIESMAL WAR DIE HÜTTE VOLL, und während wir unsere Pizza aßen, kamen einige junge Träger an, die Lebensmittel auf die Hütte brachten und alles aus riesigen Rucksäcken auf dem Nachbartisch auspackten: Mehl, Milch Kekse, Marmelade, Hülsenfrüchte Kaffee, Tee und vieles mehr. Denn zu Silvester würden in und um die Hütte herum noch viel mehr Leute übernachten. Ich verabschiedete mich von Julián und brach gemeinsam mit den Jungs wieder auf. Freude machte sich in meinem ganzen Körper breit, eine Freude darüber, dass ich so eine gute Kondition hatte, und dann besonders auch darüber, dass beide Jungs so viel Spaß hatten, mit mir diesen Weg zu gehen. Doch wie viel es mir wirklich bedeutete und wie glücklich ich war, davon hatten die beiden vielleicht nur eine Ahnung.

*

IN BARILOCHE BLÜHT FRÜH IM JAHR DIE AMANCAY, eine Lilienart, auch »Inkalilie« genannt. Es ist eine orangene Blume mit blutroten Streifen. Sie gilt als eines der Wahrzeichen der Stadt und zählt zu den gern gesehenen Pflanzen. Auf dem Weg zum Refugio Frey blüht sie auf einer langen Strecke durch den Wald auf beiden Seiten in Fülle. Ihre Zeit ist der Hochsommer, der Januar. Viele Bewohner haben sich die Blume in ihre Gärten geholt. Es ist eine Pflanze, die in Patagonien schon wuchs, bevor die Einwanderer kamen.

Dann gibt es hier die zugewanderten Pflanzen, die mit den Einwanderern kamen, wie beispielsweise die Lupine oder Hagebutte. Passen sich diese Pflanzen an, werden sie geliebt, aber wenn sie sich aus unerklärlichem Grund rasant vermehren, massiv ausbreiten und die einheimische Flora verdrängen, spricht man von invasiven Pflanzen, den Neophyten, die niemand mehr haben will und die man ausrotten möchte. Das gilt hier in Patagonien für die Hagebutte. Wächst und wuchert sie im Garten eines Hauses, ist das Grundstück weniger wert. Der Aufwand, sie zu beseitigen, ist hoch und teuer. Es ist eine Pflanze, die als Bedrohung wahrgenommen wird. Eine andere Pflanze, die sich gerade unbeliebt macht, über Zäune hinwegsteigt und jede freie Fläche besetzt, ist der gelb blühende Ginster. Man möchte ihn vernichten, bekämpfen oder zumindest in Schach halten. Schaut man aber genau hin, stellt man fest, dass der Ginster sich genau dort aufhält, wo die Menschen sind. Rund um ihre Häuser, in ihren Gärten, an den Wegen und Straßen und auf den Plätzen.

Eine Freundin hat mir erzählt, dass früher die Frauen hier in Patagonien den Samen des Ginsters sammelten und während der Autofahrten übers Land aus dem Fenster warfen, um die für sie so trostlos wahrgenommene Landschaft Patagoniens zu verschönern. Vielleicht stimmt das, denn kaum geht man ein Stück den Berg hinauf, wo oft schon das Dickicht und die Wildnis beginnen und sich normalerweise keiner mehr aufhält, wächst auch kein Ginster mehr.

Er sucht unsere Nähe. Vielleicht braucht er uns oder wir brauchen ihn, und vielleicht hat es seinen Sinn, dass er da ist und seinen Duft verströmt. Wir wissen es nicht, und vielleicht soll es so sein.

Bariloche ist umgeben von Seen, dem Lago Moreno, Lago Gutierrez und dem größten und bestimmt auch tiefsten See, dem Lago Nahuel Huapi. Der Name kommt aus dem Mapudungun, der Sprache der Mapuche, den Ureinwohnern dieser Gegend, und bedeutet »Insel des Pumas«. Wie schwer es mir fällt, diese Worte auszusprechen oder mich an sie zu erinnern.

Es gibt in meinen erlernten Sprachen keine Referenz, keine Eselsbrücke, die mir helfen können, diese Wörter nicht immer wieder zu vergessen, und so stolpere ich durch meine Gespräche, manchmal ohne genau zu wissen, ob ich verstanden werde.

JEDE SPRACHE HAT IHRE EIGENE SCHWINGUNG, je nachdem, wo sich die Vokale im Wort befinden und wie sich die Worte aneinanderreihen. Mapudungun ist eine Sprache mit vielen Vokalen, besonders das A, das U und das O kommen sehr oft vor und lassen das Gesprochene sehr rund erklingen.

Spreche ich Spanisch, schwingen meine Gedanken und Gefühle anders, und ich fühle mich weniger eingesperrt. Im Deutschen bin ich natürlich zu Hause, aber ich spule dabei oft immer wieder das Gleiche ab, wiederhole mich und höre oft selbst die Langeweile aus meinen eigenen Sätzen. Wie ich etwas ausdrücke, ähnelt sich, auch wenn die Inhalte unterschiedlich sind. Meine Art zu reden wird zu einer Gewohnheit, und ich bin sicher, dass mein Gegenüber oft schon ahnt, wie mein Satz zu Ende geht.

Mit dem Spanischen beginnt das Unbekannte, ich verlasse alte Muster und festgefahrene Strukturen, und fehlen mir die Worte, werde ich erfinderisch, meine Fantasie wird angekurbelt. Augen und Hände reden plötzlich mit, und es macht mir wieder Spaß, mir selbst zuzuhören.

MARTÍN, MEIN MANN, IST ARGENTINIER, und als ich ihn in Buenos Aires kennenlernte, konnte er noch kein Deutsch, unsere gemeinsame Sprache war Spanisch.

Ein paar Jahre später, als wir in Deutschland lebten, änderte sich das, und unsere Beziehungs- und Familiensprache wurde Deutsch. Es war dann nicht einfach, unsere beiden Söhne zweisprachig aufwachsen zu lassen. Wir mussten immer darauf achten, dass das Spanische nicht zu kurz kam.

ALS MATTHIAS IN DIE SCHULE KAM, meldete ich ihn zum Herkunftssprachenunterricht an. Gemeinsam gingen wir zum vereinbarten Termin mit der Spanischlehrerin. Natürlich fragte sie ihn zuerst nach seinem Namen, und zwar auf Spanisch. »Matthias«, sagte er stolz und strahlte über das ganze Gesicht. Wir hatten diesen Namen gewählt, weil er in beiden Sprachen gleich klingt. »Und wie ist dein Nachname?«, fragte sie wieder auf Spanisch. Er presste die Lippen zusammen und sagte nichts, einfach gar nichts. Die Lehrerin war geduldig und nannte ihren eigenen Namen: »Mein Nachname ist González. Wie ist dein Nachname?«

Wieder nichts, Schweigen. Was war das? Warum sagte er seinen Nachnamen nicht? Ich wurde nervös und mischte mich ein. »Lauga, das ist unser Familienname«, platzte es aus mir heraus, und ich kann mich heute nicht mehr daran erinnern, in welcher Sprache ich das sagte. Später fragte ich Matthias, warum er nichts gesagt hatte. »Mama, ich wusste nicht, was ›Lauga‹ auf Spanisch heißt.« Ich war verdutzt und schwieg.

WELCHE SPRACHE UND KLÄNGE MATTHIAS IM KOMA erreichten, blieb mir verschlossen. Nur dass Worte eine Energie haben und Seelen im tiefsten Innern berühren können, spürte ich in dieser Zeit sehr deutlich.

Es war die Stimme einer portugiesischen Krankenschwester, die ihn immer wieder im Koma erreichte. Wenn sie ins Zimmer kam, rief sie laut: »Matthias!« Durch sie hallte eine Stimme aus dem tiefen Süden durch das Zimmer der Intensivstation und vibrierte durch seinen schlafenden Körper.

Im Café Vertiente

IN BARILOCHE GIBT ES EIN KLEINES CAFÉ, das ein bisschen abseits der wenigen Hauptstraßen liegt und »Café Vertiente« heißt. Die Stühle sind mit Schaffellen gepolstert und an der Wand hängen zwei weiß gestrichene Hirschgeweihe. Im Sommer kann man auf einer kleinen Terrasse sitzen, an deren Seitenrändern Melisse und Pfefferminze wachsen. Einheimische, Berufstätige und manchmal auch Touristen treffen sich hier, um miteinander zu reden oder einfach nur in Ruhe an ihren Laptops zu arbeiten.

Vertiente ist das spanische Wort für »hervorsprudelnder Quell«, gleichzeitig bedeutet es aber auch »Abhang«. Man kann gut dort frühstücken und zu Mittag essen. Am Abend ist es geschlossen.

Die Besitzerin heißt Helen und hat sechs erwachsene Kinder, die oft im Café aushelfen. An einem Morgen saß ich dort allein und hatte gerade mit Tomás telefoniert, als mir ein Portugiesisch sprechendes Paar am Nachbartisch auffiel. Es waren Touristen, und wir kamen sofort ins Gespräch. Sie erzählten mir von ihrer Reise durch Südamerika, wie sie über Peru, Bolivien und Chile nach Argentinien gekommen waren und sich nun drei Tage in Bariloche aufhielten. Wie gut es ihnen hier gefiel, merkte ich an ihrer Art zu erzählen. Und dann fragten sie mich, was ich in Bariloche mache, warum ich an diesem Ort sei und ob ich vorhätte hierzubleiben. So direkt hatte mich noch niemand nach meinem Aufenthalt in Argentinien gefragt, ich versuchte, mein Erstaunen zu verbergen und ehrlich zu antworten.

»In Bariloche bin ich seit November letzten Jahres, gemeinsam mit meinem Mann. Wir wohnen in einem Haus außerhalb der Stadt und kommen in den letzten Jahren immer wieder hierher. Unsere Söhne leben in Deutschland«, erzählte ich, während wir unseren Kaffee tranken und noch weitere bestellten.

Sie wollten alles wissen und ganz besonders auch, warum ich früher schon einmal Deutschland verlassen hatte, um nach Argentinien auszuwandern. Damals lebte ich in Berlin, hatte dort studiert und gearbeitet, in einer Zeit, als die Mauer noch stand und man eine Transitstrecke zwischen Westdeutschland und Westberlin durch die Deutsche Demokratische Republik, dem anderen Teil eines früheren Deutschlands, zurücklegen musste.

Diese Autobahnstrecke betrug etwa zweihundert Kilometer. Ich fuhr sie immer, wenn ich von meinen Eltern in Nordhessen kam und nach Westberlin zurückwollte. Sie führte von Helmstedt, dem Übergang an der Zonengrenze, bis Dreilinden, einem von mehreren Checkpoints an der Mauer. So kam ich nach Westberlin. Man durfte die Autobahn auf keinen Fall verlassen, jedoch konnte man auf einem Rasthof eine Pause machen, in einer Raststätte etwas essen und hatte die Gelegenheit, mit der D-Mark in einem Intershop zollfreie Waren einzukaufen. Sich hier mit Bürgern der DDR zu treffen war verboten. Die »Eintrittszeit« in die DDR wurde in Helmstedt in den Pass gestempelt, sodass man beim Verlassen der Transitstrecke in Dreilinden ablesen konnte, wie zügig man durchgefahren war. Dass Westberlin eine Insel in der Deutschen Demokratischen Republik war, umgeben von einer 157 Kilometer langen Mauer, war im Ausland immer schwierig zu erklären, und meistens zeichnete ich eine kleine Skizze auf ein Stück Papier oder eine Serviette, wenn ich nichts anderes zur Hand hatte. So auch an diesem Tag für Claudia und Sergio aus Brasilien.

Ostberlin war der Teil der Stadt, der außerhalb der Mauer in der DDR lag. Es war die Hauptstadt der Deutschen Demokratischen Republik.

Ich wohnte in Westberlin. Erst in einer Einzimmerwohnung, dann in einer Fabriketage und ab 1981 in einem besetzten Haus.

Berlin war nicht Westdeutschland. Berlin war politisch. Oder besser gesagt, alles, was wir in Berlin taten, hatte eine politische Dimension, so sahen es zumindest viele.[5]

Das Wohnen in einem besetzen Haus war illegal. Wir hatten uns Strom und Wasser von der Straße geholt und zahlten keine Miete. Die Häuser befanden sich in einem sehr schlechten Zustand, hatten zerstörte Kachelöfen, kaputte Dächer und zerschlagene Fensterscheiben. Es waren Häuser, manchmal ganze Straßenzüge, gebaut um die Jahrhundertwende. Diese Mauern hatten zwei Weltkriege überlebt. Die Bewohner dieser Häuser waren während der Bombenangriffe in ihre Keller geflüchtet und kamen, wenn die Gefahr vorbei war, immer wieder zurück in ihre Wohnungen. Jedes Mal konnten sie aufatmen, weil ihre Mauern und Möbel noch standen. Dieser Gedanke faszinierte mich.

Zwischen den halb zerfallenen Wänden der Abrisshäuser fanden wir immer wieder Spuren aus der Vergangenheit. In Kellerwände geschlagene Löcher, die mehrere Häuser miteinander verbanden. Tapetenmuster aus der Vorkriegszeit und Remisen, in denen früher die Pferde untergebracht waren.

Die Katastrophen, die sich in diesen Häusern abgespielt hatten, waren tief in den Mauern eingeschrieben. Manchmal kamen sie als Bilder und sich bewegende Szenen in meinem Kopf wieder zum Vorschein. Wie kleine Super-Acht-Filme liefen sie vor meinem geistigen Auge ab. Ich sah Mütter mit ihren Kindern und ältere Menschen in die Keller flüchten. Die Angst stand ihnen in den Augen.

Sie war deutlich zu erkennen. Ich sah sie als graue Nebelwolke über den Köpfen. Manchmal musste ich mich vor lauter Schwindel hinsetzen, wenn ich durch den Hinterhof ging. Und ich fragte mich, wie das, was ich nicht selbst erlebt hatte, in mein Bewusstsein kam, so als wäre es ein Teil von mir. »Deutschland turne« hatte jemand an eine Hauswand geschrieben. Wir schufteten, reparierten Treppenaufgänge, verglasten Fensterfronten, schlossen Kohleöfen an, diskutierten, stritten, spielten Theater und liebten uns. Damit wollten wir den Abriss verhindern. Wir konnten nicht zulassen, dass man gerade das abreißen wollte, was nicht zerstört worden war, was man noch gebrauchen konnte, was intakt war, was überlebt hatte. Diese Häuser hatten gelitten, aber wenn sie nicht mehr stehen, wird man auch die vergessen, die es nicht mehr gab. Die alten Menschen im Viertel fühlten es ähnlich und waren auf unserer Seite. Unser Wohnen in den Häusern verteidigten wir mit fast täglichen, später wöchentlichen Demonstrationen. Wir lebten zusammen und arbeiteten zusammen und teilten unter uns das, was wir hatten. Wir demonstrierten nicht nur für den Erhalt der Kreuzberger Mietskasernen, die einer Autobahn weichen sollten, sondern auch gegen Atomreaktoren. Dafür mussten wir nach Westdeutschland fahren, immer an den Wochenenden.

Ich erinnere mich gut an meine Angst vor den Hubschraubern bei Sitzblockaden. Aber hatten wir wirklich Angst vor einem Atomkrieg oder einem Störfall in einem Reaktor? War solch eine menschengemachte Katastrophe für uns vorstellbar? Ich kann mich nicht mehr erinnern. Wir waren zu aktiv und kauften das erste Biobrot, Möhren, Kartoffeln und Rote Bete aus ökologischem Anbau immer mit der Idee, dass unser Alltag höchst politisch sei.

VIELE HÄUSER WURDEN GERÄUMT, unseres, das wie gesagt eigentlich zwei Häuser mit zwei Seitenflügeln und einer Fabrik war, wurde legalisiert. Aus den Hausbesetzern wurden Mieter. Aber zu diesem Zeitpunkt lebte ich nicht mehr dort. Ich hatte schon manches Mal daran gedacht, die Stadt zu verlassen, und irgendwann tat ich es dann auch.

Sergio und Claudia hatten mir gespannt zugehört, zwischendurch ein Aufnahmegerät auf den Tisch gelegt und mir angedeutet, dass sie es einschalten würden. Ich hatte zugestimmt. »Wir sind *The Soul Explorers* und sammeln auf unserer Reise Geschichten; Geschichten von Menschen, denen wir begegnen, die uns aus ihrem Leben erzählen. Später soll daraus ein Buch entstehen«, erklärten sie mir und machten noch ein paar Fotos.

Helen, die Besitzerin des Cafés, kam an unseren Tisch und fragte, ob wir etwas essen wollten, es war bereits Mittag. Wir wählten ihr leckeres Tagesmenü, es gab Kürbistarte und zum Nachtisch Zitronenschnittchen, dazu einen Espresso. Ich erzählte weiter. Es ist selten, dass Menschen sich Zeit und Raum teilen, um einfach nur dazusitzen und zuzuhören. Und so erzählte ich es nicht nur für Sergio und Claudia, sondern auch für mich, und spürte dabei eine Veränderung meiner selbst. Ein Sonnenstrahl fiel durch die Fensterscheibe genau auf mich. Mein eigenes Leben erschien mir plötzlich in einem wärmeren Licht, etwas tiefer, etwas weiter, dichter und weicher. In diesen Stunden in Helens Café zeigte sich mir meine Seele so, als hätten Sergio und Claudia sie entdeckt.

Einen Tag später fand ich Sergios Foto von mir mit einem Text auf ihrer Website[6]. Ich war zu einer Geschichte ihrer Weltreise geworden und der Text zu mir lautet folgendermaßen:

Das Leben ändert sich

ICH WAR 29, WOLLTE NICHT MEHR in Deutschland leben und entschied mich, nach Argentinien auszuwandern. Das war eine Entscheidung, von der ich bis heute nicht genau weiß, warum ich sie getroffen habe. Ich habe Germanistik studiert, und einer der Schwerpunkte meines Studiums war die deutsche Exilliteratur. Vielleicht hat mich das irgendwie beeinflusst.

ICH GING NACH BUENOS AIRES, weil mir jemand sagte, es sei die sicherste und europäischste Stadt in Südamerika. Nach einem Jahr lernte ich dort meinen argentinischen Mann kennen. Wenn ich zurückblicke, fühlt es sich an, als ob es so sein sollte. Wir lebten dort fünf Jahre lang, bevor mein Mann nach Deutschland ziehen wollte. Unsere Jungs wurden in Heidelberg geboren.

IM JAHR 2014 ERLEBTE ICH eine sehr intensive Krise aufgrund eines Vorfalls, von dem unter anderem im Kapitel »Der Sturz« schon die Rede war: Mein damals neunzehnjähriger Sohn fiel vom Dach und lag vier Wochen im Koma. Auf der Intensivstation passierten sehr viele Dinge. Für mich war es ein heiliger Raum. Die Kommunikation mit den Ärzten war kompliziert. Sie machten einen hervorragenden Job, aber ich konnte nicht rational sein. Ich konnte nur auf meine Gefühle reagieren, während sie mir ständig Dinge erklärten, die ich nicht verstand. Mein Sohn wäre dreimal fast gestorben.

HEUTE, DA ICH DIES SCHREIBE, sind vier Jahre vergangen und er hat elf Operationen hinter sich gebracht – und es geht ihm gut. Ich habe das Gefühl, dass sich meine Wahrnehmung des Lebens verändert hat. Ich kann mehr fühlen. Ich fühle, was Menschen fühlen. Ich weiß, was es heißt, eine Krise zu erleben, und wie man sie überwinden kann. Ich schreibe jetzt ein Buch über persönliche Krisen und Naturkatastrophen. Ich schreibe von Vulkanausbrüchen, Tsunamis und Erdbeben. Ich schreibe über Dinge, die genau so sein sollten.

DER UNFALL MEINES SOHNES hat unser Familienleben verändert, er hat unser ganzes Leben verändert, er hat ihn verändert, und diese Veränderungen haben uns stärker und glücklicher gemacht.

Wenn sich Zufälle kreuzen

»ICH ERINNERE MICH, DASS DAS TIMING bei Ihrem Sohn immer genau stimmte«, sagte mir später der Chefarzt der Intensivstation in einem Gespräch. »Immer war zum richtigen Zeitpunkt der richtige Arzt im Operationsraum. Entscheidungen wurden nie zu früh oder zu spät getroffen, und die Zeit im Koma war exakt die Zeit, die er brauchte, um überleben zu können. Es stimmte immer alles.«

SO SAH ER DAS IM NACHHINEIN. Und ich stimmte ihm kopfnickend zu. Obwohl Matthias dreimal beinahe gestorben wäre, sollte immer alles gestimmt haben? Ich verstand meine eigenen Gedanken nicht mehr. Wie konnte das so gewesen sein?

WARUM ERKENNEN WIR IMMER ERST IM NACHHINEIN, welches genau der richtige und vielleicht der einzige Zeitpunkt ist?

Momente, an denen sich gleichzeitig mehrere Zufälle kreuzen und sich diese eine große Chance ergibt. Und was, wenn wir diesen Moment nicht erkennen und ungenutzt verstreichen lassen? Kommt er wieder? Gibt es noch einmal eine Möglichkeit?

Und wer gibt uns diese Chance? Und woran erkennen wir den Moment der Entscheidung? Und entscheiden wir wirklich? Oder ist alles Zufall?

*

VOR VIELEN JAHREN SASS ICH AUF DEM HEIMWEG im Zug von Retiro nach Belgrano R, einem Stadtteil in Buenos Aires. Ich war seit drei Monaten in Argentinien, hatte Arbeit gefunden und gerade begonnen, die Stadt zu mögen, da sollte ich mich operieren lassen. Ob das, was entfernt werden sollte, gut- oder bösartig war, war die eine Frage. Die andere Frage, die ich mir stellte, lautete: Wo sollte ich den Eingriff vornehmen lassen?

Sollte ich zurückfliegen und in Deutschland in ein Krankenhaus gehen, so wäre mein Plan auszuwandern gescheitert. Aber der Gedanke, allein und ohne Sprachkenntnisse in Buenos Aires operiert zu werden, schnürte mir die Kehle zu vor lauter Angst.

Und genau in diesem Moment hob ich meinen Kopf, um dieser Enge im Hals Platz zu schaffen, schaute aus dem Fenster und sah ein Graffiti in riesigen Lettern an eine Hauswand gesprüht: *Luca vive.* (Luca lebt.) Ich nahm einen tiefen Atemzug, und die Entscheidung fiel. Ich hatte genau im richtigen

Moment meine Augen aus meinem tiefsten Sein heraus genau auf die richtige Linie geschickt, und was ich aufgenommen hatte, war die augenblickliche Spiegelung meines Inneren.

Ein Moment der Meisterschaft. Ich blieb und ließ mich operieren. Der Tumor war gutartig, und zwei Wochen später saß ich wieder im gleichen Zug. Den Schriftzug mit dem entscheidenden Hinweis habe ich nie wieder gesehen.

Martín lachte, als ich ihm viel später davon erzählte. Denn *Luca* war, so erzählte er mir, ein in Argentinien bekannter Rockstar gewesen, LUCA PRODAN, der Jahre zuvor an einer Überdosis Heroin gestorben war.

Keine Ahnung davon gehabt zu haben gehörte vielleicht zu meinem Glück.

*

KURZ VOR MEINER ABREISE NACH ARGENTINIEN erhielt ich die Nachricht, dass ein alter Freund, PETER ROSE, in Berlin gestorben war. Und weil ich ihn mir noch einmal in Erinnerung holen wollte, ihn erleben, ihn reden und erzählen, hören und erfahren wollte, machte ich mich auf den Weg in die Hauptstadt.

Peter war im Jahre 1978 nach Berlin gekommen und hatte über Freunde den Weg zu uns in die Manteuffelstraße gefunden. Wir wussten, dass er Theater machte. Er benutzte oft den gelben Raum in der Mariannenstraße für seine Arbeit. Aber manchmal war er auch für mehrere Tage verschwunden. Erst später erfuhr ich, dass er ein Ziel verfolgt hatte. Er war aus New York nach Europa gekommen, um an einem Theaterworkshop eines bekannten polnischen Künstlers in Warschau teilzunehmen. Also nahm er den Zug nach Polen, blieb aber schon bei seiner ersten Reise am Berliner Ost-Bahnhof wegen eines schweren Schneesturms stecken. Dort begegnete er einer jungen Frau, Christina, die ihn auf eine Tasse Tee zu sich nach Hause einlud. Das war in dieser Zeit in der DDR gefährlich.

Einen Tag später kam Peter dann doch noch zu seinem Theaterworkshop, aber zuvor hatte er Christina versprochen, dass er für sie die Mauer einreißen würde.

SO ENTSTAND DAS THEATERSTÜCK »THE BERLIN WALL«, in dem es einer Berliner Mischung aus Hausbesetzern, türkischen Familienvätern und Menschen vom Bahnhof Zoo gelang, die Berliner Mauer einzureißen. Er führte das Stück in den Achtzigerjahren erfolgreich in verschiedenen Staaten der USA auf – zum letzten Mal genau in der Nacht des 9. November 1989, in der sich die Grenze zwischen Ost- und Westberlin wirklich öffnete. Später schrieb er selbst dazu: »Es war ein Hit … Inmitten des halbseidenen Hollywood-Trashs und des verschlafenen Strandparadieses von Südkalifornien hatte ich mein Ziel erreicht. Ich, Testreisender, hatte die Mauer zum Einsturz gebracht, durch die Kraft meines Lebens und meiner Kunst.«

Was ich von ihm gelernt hatte? Er hatte es mir einmal gesagt. Mir ist es später wieder eingefallen: »Die Sinne läutern, um ausgefüllter zu leben und zu schaffen. Das ist es.«

ICH SETZTE MICH ALSO IN DEN ZUG und fuhr nach Berlin. PETER ROSE war tot. Ich wusste, dass er sich das Leben genommen hatte, ich wusste aber nicht wie. Seine Freundin hatte uns eingeladen, um noch einmal gemeinsam mit ihm sein Leben auf dieser Erde zu feiern. Kurz vor meiner Abfahrt erinnerte ich mich an die kleine Broschüre, die er mir einmal geschenkt und in der er schriftlich seine Performance-Kunst festgehalten hatte. »Test traveler/polar star« heißt das Stück, an das ich mich noch gut erinnern konnte. Er hatte es mehrmals in einem Container auf einem Eisenbahngelände in Ostberlin aufgeführt. Zum Glück hatte ich das kleine Heftchen aufgehoben und fand es auch gleich in meinem Bücherregal.[7]

> **EIN TESTREISENDER WEISS NICHT,** hat aber einen sehr guten Riecher für den Weg. Testreisende biegen nicht falsch ab, benötigen keine Transitvisa, verpassen keine Flüge, stürzen keine Regierungen, klären keine Massen auf, provozieren keine sozialen Unruhen oder treten auf Zehen.
>
> ...
>
> **TESTREISENDE KOMMEN OFT UNANGEKÜNDIGT.** Keiner erwartet sie. Wenn sie angekommen sind, sind sie nicht wirklich da. Aber sie kehren zurück, um wieder anzukommen, wenn sich die Landschaft verändert hat und es jemanden gibt, um ihn zu treffen. Wie wenn man auf nassem Zement läuft und ein paar Tage später auf das harte Pflaster zurückkehrt, um die Spur zu sehen: »Ich, ein Testreisender, war da.«
>
> Ich war ein Testreisender, bevor ich wusste, was das ist. Das ist ein wesentlicher Teil davon: nicht zu wissen. Jeder Test ist der erste Test zum ersten Mal, jedes Mal ist ein neuer Anfang. Das ist ein Element des Unbekannten ...
>
> Als Junge hatte eine einfache Frage an mich wie »Peter, wohin gehst du?« enorme Auswirkungen. »Eine Zeitung oder ein paar Bagels holen« war ein Codewort für »Ich bin ein Stadtnomade«.

DAS WAREN SEINE WORTE. Ich hörte ihn deutlich sprechen und freute mich gleichzeitig, mich gemeinsam mit alten Freunden an ihn zu erinnern.

Nur einer Sache schenkte ich bis zu diesem Moment nicht viel Aufmerksamkeit. Es war sein Satz von früher: »Luca, du hast mir mal das Leben gerettet.« Doch ich konnte mich an nichts erinnern, hatte seine Worte nicht ernst genommen und nie weiter nachgefragt. Bis ich es in dieser kleinen Broschüre nachlesen konnte. Er hatte genau aufgeschrieben, wie das damals war.

ICH GING JEDEN TAG AUF DAS DACH zurück, um zu springen. Bring es hinter dich! Spring!

Ich machte vogelähnliche Gesten, um den Mut zum Abheben und Fliegen aufzubringen. Kaum einer bemerkte es, bis auf Luca, die mich am Abgrund entdeckte. Das Geräusch ihrer Schritte ließ mich zurückschrecken, und ich reagierte schnell, als sie vorbeiging: »Guten Morgen, guten Abend, Tschüss, auf Wiedersehen.«

PETER SASS DAMALS AUF UNSEREM DACH in der Manteuffelstraße. Aber er sprang an jenem Tag nicht. Meine Schritte hatten ihn davon abgehalten, sich das Leben zu nehmen. Ich war an ihm vorbeigegangen, aber hatte seine Absicht nicht erkannt. Mein Tun hatte eine Wirkung, deren ich mir selbst nicht bewusst war. Was hatte mich in genau diesem Moment an genau diese Stelle geführt? War ich einfach nur zum richtigen Zeitpunkt am richtigen Ort gewesen, zufällig, ohne zu wissen, was in ihm vorgegangen war? – »Aber das ist ein wesentlicher Teil davon: nicht zu wissen«, wie Peter selbst gesagt hatte.

ICH KAM GEGEN MITTAG IN BERLIN AN und ging direkt zur Trauerfeier, die seine Freundin Christina für ihn veranstaltete. Es gab keine Beerdigung. Weil Peter Amerikaner war, sollte seine

Urne später nach New York überführt werden. Die Feier fand in einer Fabriketage in einem Hinterhof statt, wo Peter immer gearbeitet hatte.

Er war Tänzer, Performancekünstler, Schreiber gewesen, glücklich und oft depressiv. Bis zu dem Zeitpunkt, an dem er sich das Leben genommen hatte. War es seine eigene Entscheidung gewesen zu gehen? Ich wusste es nicht.

Christina hatte uns eingeladen, um Peters Leben zu feiern. Wir sahen Videoaufnahmen von ihm, alte und neue Freunde erzählten Geschichten, an den Wänden hingen Fotos von ihm und Zeitungsausschnitte. Wir hörten seine Lieblingsmusik, eine Band, die seine Performancekunst oft musikalisch begleitet hatte, spielte.

Und plötzlich fingen wir an zu tanzen, die Stimmung hellte sich auf, und eine Freude ging durch den Raum, die in meinem Körper einen leichten Schauer auslöste, denn ich spürte in diesem Moment Peters Anwesenheit. Er war präsent, schaute von drüben nach uns und sah nicht unglücklich aus.

Am Abend erzählte ich das einer Freundin und stellte fest, dass ich nicht die Einzige war, die Peter in diesen Stunden in diesem Raum wahrgenommen hatte.

*

»ES WIRD ZEIT, DAS WIR DAS NARKOSEMITTEL reduzieren«, sagte mir eines Morgens ein junger Pfleger, der bis dahin regelmäßig an Matthias' Seite war. »Ich werde mit den Ärzten reden«, fügte er noch hinzu. Auf diesen Moment war ich noch nicht vorbereitet. Vier Wochen lag Matthias da schon im Koma. Ein wunderbar warmer September war verstrichen.

In den Jahren zuvor hatten wir zu dieser Jahreszeit immer so gerne Zwetschgenkuchen mit Schlagsahne gegessen. September, das war der Monat nach den großen Ferien, ein neues Schuljahr begann und damit die guten Vorsätze. Die ersten Klassenarbeiten wurden geschrieben, und Fußballturniere fanden an den Wochenenden statt. Im Jahr des Unfalls hatte Matthias gerade Abitur gemacht. Ein langer Sommer lag hinter ihm, bevor er in Holland, kurz hinter der Grenze, in Venlo, ein Studium beginnen wollte. Und nach dem ersten Tag in der neuen Umgebung war er vom Dach gefallen. Ein Unfall. Ein Zufall?

WAR DEINE ENTSCHEIDUNG ZU STUDIEREN ein Fehler? Wolltest du diesen Weg nicht gehen? Hatten wir dich am Ende dazu überredet? Macht es Sinn, solche Fragen zu stellen? Und wenn ja, gibt es Antworten?

Du wolltest zum Abiturabschluss keine Feier, du wolltest auch nicht, dass man dir das Abiturzeugnis in Anzug und Krawatte überreichte. Du wolltest an dem Abiball nicht teilnehmen. Von deinen Freunden und Lehrern hat das keiner verstanden. Sie ärgerten sich über dich und distanzierten sich. In einem Gespräch mit dem Schuldirektor über deine Entscheidung und das Unverständnis der anderen sagte er mir diesen einen Satz, der noch lange in mir nachhallte. »Wer sich ausgrenzt, muss damit rechnen, dass er ausgegrenzt wird.« Ist das so? Grenzt du dich gerade aus? Willst du nicht teilnehmen an dem, was hier abläuft? Manchmal war ich verzweifelt.

ICH HATTE IN JENEM SEPTEMBER jede Nacht in seinem Zimmer auf der Intensivstation verbracht, manchmal in einem bequemen Sessel, aber meistens auf einem harten Stuhl. Wenn mein Körper es nicht mehr aushielt oder ich das Zimmer verlassen musste, legte ich mich im Angehörigenzimmer auf meine Isomatte und deckte mich mit einem Poncho zu. Morgens fuhr ich nach Hause, um ein bisschen zu schlafen, meine E-Mails zu beantworten und für ein Mittagessen mit Tomás und Martín zu sorgen. Was in den Nächten auf der Intensivstation manchmal passiert war, habe ich den beiden nicht immer erzählt.

Es spielte sich meistens ganz leise im Halbdunkel ab. Nur manchmal störten die Überwachungsapparate mit ihren lauten Signaltönen, wenn wieder eine Infusion zu Ende war, der Blutdruck fiel oder das Fieber stieg. Zu keinem Zeitpunkt wusste ich, dass Matthias eine lebensgefährliche Meningitis oder andere schwierige, lebensgefährliche Hürden zu überwinden hatte.

Ich habe immer nur gefühlt. Einmal schlief ich im Stuhl neben Matthias, als plötzlich ein junger Arzt neben mir stand. Ich kannte ihn nicht, aber bemerkte sofort, dass er in großer Sorge war. Er schaute auf Matthias, schaute mich an und ging wieder.

Kurz danach kam der Stationsarzt, und einige Minuten später standen mehrere Ärzte, nicht wie bei einer Visite vor Matthias' Bett, sondern vor dem Computer, der zu ihm gehörte. Sie beugten ihre Köpfe in Richtung Bildschirm, waren nervös und flüsterten.

Mir raste das Herz, und ich spürte, dass etwas heftig aus dem Gleichgewicht geraten war. Ganz leise flüsterten sie weiter, beachteten mich gar nicht, aber ihre Angst war im ganzen

Raum zu spüren. Ihre nackte Angst, dass dieser Kerl ihnen unter den Fingern wegsterben würde. Hoch konzentriert wägten sie ab, einigten sich, änderten etwas an der Dosierung der Narkosemittel und verschwanden.

Es war eine sehr ruhige Nacht. Ich setzte mich wieder auf meinen Stuhl an die Seite von Matthias' Bett und betete. Allmählich folgte ich dem leisen Rauschen seines Atmungsgerätes, bis ich selbst in seinem Rhythmus ein- und ausatmete. War es sein Rhythmus oder der des Atmungsgerätes? Und war das wichtig?

Ich hatte nie gelernt zu beten. Niemand hatte es mir beigebracht. Nur als Kind hatte ich ein Gebet vor dem Einschlafen gesprochen und dann nie wieder. Das Vaterunser musste ich irgendwann auswendig lernen, zum Einsatz kam es selten. Aber in jener Zeit betete ich oft. Einmal ging ich sogar in die Krankenhauskapelle. Sie erschien mir aber so neu, kalt und unbenutzt, sodass ich mich eher in dem Raum vor der Kapelle aufhielt. Dort standen ein paar Sessel. Durch die hohen Fensterscheiben konnte ich auf den Vorplatz schauen und die Menschen beobachten. Dieser Raum vor der Kapelle strahlte die Ruhe aus, die ich brauchte, um innerlich eine Haltung zu finden, die mich stärkte.

Manchmal fragten mich Freunde, wie sie mir helfen könnten, und ich sagte einfach nur: »Betet.« Als ich die Schule per E-Mail von Matthias' Unfall informierte, fügte ich auch den Wunsch hinzu: »Bitte beten Sie für Matthias.« Der Direktor hängte die E-Mail im Lehrerzimmer auf.

Freundinnen zündeten Kerzen an, und in Nordargentinien, in Salta, beteten sogar unsere argentinischen Verwandten mit ihren Nachbarn und Freunden gemeinsam in einer Kirche für uns.

Beim Gebet spielt die Entfernung keine Rolle. Anwesenheit oder Abwesenheit genauso wenig. Es ist eine Schwingung unabhängig von Raum und Zeit, eine starke innere Haltung, etwas Schöpferisches, das weit über eine Bitte oder Fürbitte hinausgeht. Es ist eine zentrierte Energie, die ins Universum fließt, eine Linie, ein Strahl, ein Vektor ohne Ziel und Absicht, ein Wunsch ohne Thema. Es ist, alles annehmen zu können, was kommt. Sender und Empfänger sind gleich. Es ist, vorbereitet zu sein, es ist eine Sammlung aller Energien, die sich bewegen lassen, um sie auf einen Punkt zu konzentrieren, um dort zu leuchten und zu wirken. Manchmal wurde ich selbst zum Gebet.

In jener Nacht auf der Intensivstation öffnete sich mein Herz weit, und ich empfand eine hohe Form der Dankbarkeit. Eine Dankbarkeit, bei der ich gleichzeitig sendete und empfing.

ES WAR DIE GLEICHE NACHT, in der Matthias zum dritten Mal beinahe gestorben wäre. Wären die Ärzte nicht gekommen und so aufgeregt gewesen, hätte ich es vielleicht gar nicht bemerkt. Er wäre gegangen, und ich hätte ihn einfach gehen lassen. Es wäre seine Entscheidung gewesen. Und Martín und ich hätten auch das angenommen.

Es ist das Wesen des Nichtwissens, des Nichtdenkens, des Loslassens von dem, was ist. Das brachte mich immer wieder in den Augenblick, in die Bereitschaft anzunehmen.

NUR DIE ÄRZTE HIELTEN DIE ENERGIE in seinem Körper aufrecht und ließen damit die Tür offen, durch die er wieder zurückgehen konnte. Sie ermöglichten ihm, frei zu wählen, in welche Richtung er gehen wollte. Er entschied sich erneut für diese Welt. So hatte man ihm das Leben gerettet. Der junge Arzt, den ich in dieser Nacht zum ersten und zum letzten Mal gesehen habe, kam eine Stunde später in unseren Raum, stellte sich an Matthias' Bett, hatte Tränen in den Augen und flüsterte wieder ganz leise: »Das war jetzt ein Wunder.« Es war ein Moment der Meisterschaft.

»Wir reduzieren ab jetzt die Sedierung«, sagte er noch. Ich wusste, was die Ärzte damit meinten. Matthias sollte wieder aufwachen aus seinem heilsamen Tiefschlaf. Er hatte über vier Wochen in einem künstlichen Koma gelegen. Man hatte ihm beide Schädelhälften entnommen, damit das Gehirn ohne Druck anschwellen konnte. Keiner wusste, wie schlimm sein Gehirn verletzt war. Er hatte eine schwere Meningitis durchgemacht und wurde nach einem Luftröhrenschnitt künstlich beatmet. Seine Augen waren geschlossen, und er bewegte sich nie.

Nun wollten die Ärzte ihn aus seiner Zwischenwelt zurückholen. Dass er derselbe sein würde wie vor dem Unfall, war eher unwahrscheinlich.

»WENN ES SO WEIT IST, RUF MICH AN. Ich bereite dich darauf vor. Da brauchst du meine Unterstützung, denn niemand wird dir erzählen, was da auf euch zukommt.« Das waren die Worte einer guten Freundin, die selbst schon einmal ihren Ehemann aus einem Koma heraus begleitet hatte.

»DIE SEDIERUNG WIRD GANZ SANFT heruntergesetzt und das Aufwachen mit Schmerz- und Beruhigungsmitteln unterstützt«, erklärte man uns. Die Ärzte nennen es »Ausschleichen«. Und verglichen es mit einer Flugzeuglandung.

Wach ist Matthias, wenn er mit den Augen etwas fokussieren kann. Er erlebt ein Delirium, einen akuten Verwirrtheitszustand, einen schmerzhaften Entzug mit heftigen Halluzinationen, Wahnvorstellungen, Panikattacken und vielleicht sogar Krampfanfällen. Doch davon hatte ich keine Ahnung. Es war gut, das alles nicht zu wissen, und ich verließ mich auf meine eigene neue Klarheit und Ruhe in diesen extrem schwierigen Momenten. Meine Klarheit war für mich ein Zeichen, dass Heilung passierte. Und so war es.

DAS ERSTE, WAS ICH VON IHM SPÜRTE, war sein Händedruck in meiner Hand. Dieser Druck ging als Welle durch meinen ganzen Körper. Das war's. Da war er wieder. Er gab mir ein Zeichen. Er schickte mir sein Leben zurück. Ich weinte zum ersten Mal nach langer Zeit vor Glück.

Zuerst konnte er den Finger seiner linken Hand bewegen, ganz langsam und eindrucksvoll. Es war kein Reflex, er zitterte nicht. Es war eine eindeutige Bewegung, gesteuert durch sein Bewusstsein, ein Sich-Aufrichten, ein Wachwerden, ein Zurückkommen aus einer anderen Welt. Ein Zeichen seines Willens. Er war wieder da, und er wollte es so.

EIN TAG VERGING, UND ER BEWEGTE DEN FUSS, die Augen waren immer noch geschlossen. Zum ersten Mal begannen auch die Ärzte mit ihm zu sprechen. Laut und in kurzen Sätzen. Sie nannten ihn »Herr Lauga« und sagten Dinge wie: »Sie sind bei uns in Krefeld auf der Intensivstation. Sie hatten einen Unfall.«

Innerlich war ich plötzlich heftig besorgt, denn er bewegte nur die linke Seite. Was war rechts? War er gelähmt? Und plötzlich hatte ich eine Panikattacke. Ich musste das Zimmer verlassen, hatte Herzrasen, und mir wurde schwindelig. Ich hatte Angst, extreme Angst. Ich holte mir sofort ein Glas Wasser und atmete. Atmete ganz leise in mich hinein und versuchte, meine Angst anzuschauen. Es war ein schwerer, dunkler Klumpen in meiner Brust. Und neben mir brummte ganz leise ein Wasserspender.

»Fear can stop you, but you can stop fear.« Wer hatte mir das einmal gesagt? Und ist es wirklich so? Ich hatte keine andere Wahl und dachte nur das eine und das ganz intensiv: »Stopp deine Angst!« Und als ich diesen Satz auch laut aussprach, spürte ich sofort die starke Kraft dieser Worte und mit ihnen die enorme Dynamik meiner Intention. Sie brachte mich zum Glück zurück in meine Gegenwärtigkeit und Klarheit.

Ich konnte zurückgehen und Matthias seit Langem wieder in die Augen schauen, denn die hatte er kurz zuvor geöffnet.

WÄHREND MATTHIAS ZURÜCK INS LEBEN KAM, starb neben ihm sein Zimmernachbar. Es war ein alter Bauer aus Kleve, der beim Pflaumenpflücken von der Leiter gefallen war. Eigentlich wollte er noch unter seinem Baum sterben, aber seine Verwandten brachten ihn ins Krankenhaus, wo er auf der Intensivstation gut betreut wurde. Er kam ab und zu aus seinem

Tiefschlaf zurück und erkannte seine Familie, die sich innig um ihn kümmerte. Aber an jenem Morgen entschied er sich zu sterben.

Während er ging und seine Familie ihn dabei begleitete, saß ich neben Matthias und erlebte sein Wachwerden. Im Raum verdichtete sich die Energie, es wurde heilig, alle flüsterten, und unsere Herzen waren weit geöffnet. Dann sprach niemand mehr. Der Pflaumenpflücker nahm seinen letzten Atemzug, und Matthias öffnete die Augen. Vorsichtig sah er sich um.

Die Angehörigen des Pflaumenpflückers kamen später noch mit Tränen in den Augen an Matthias' Bett. Sie freuten sich mit mir, dass dieser junge Mensch endlich wieder wach geworden war.

Diese Zeit auf der Intensivstation hatte mein Leben komplett verändert. Ich wusste nun, dass es viel mehr gibt, als man sehen und denken kann, dass unser Leben einen viel größeren Bogen spannt, einen Bogen weit über Geburt und Tod hinaus. Wir waren vorher und wir sind hinterher, und am meisten sind wir jetzt. Und das ist gut so.

HEILUNG PASSIERT NICHT LINEAR, sie geht vorwärts, fällt zurück, rappelt sich wieder auf, erträgt heftige Schläge, fühlt sich richtig gut an, macht Spaß, bremst einen aus und beschleunigt wieder alles.

Heilung ist Leben im Hier.

Sommer in Bariloche

SECHZIG KILOMETER VON BARILOCHE entfernt fließt der Río Manso durch ein weites Tal, die Pampa Linda. Am Ende des Tals liegt der Berg Tronador, ein ruhender Vulkan mit drei Gipfeln, dem argentinischen, dem chilenischen und, in der Mitte zwischen den beiden, dem internationalen Gipfel (Abb. 7 und 8). Vier Gletscher bewegen sich Richtung Tal zur argentinischen Seite hin, zwei von ihnen treffen auf einen Abgrund, von dem hin und wieder Eisblöcke achthundert Meter in die Tiefe stürzen. Zwischen den beiden Gletschern, Glaciar Castaño Overa und Glaciar Alerce, und unterhalb der Gipfel liegt auf einem breiten Rücken das Refugio Otto Meiling. Das war mein Ziel.

Ich fuhr von Bariloche aus auf der Ruta 40 eine Stunde Richtung Süden, dann ging es rechts ab auf eine Schotterpiste zum Eingang des Nationalparks. Mit meinem längst abgelaufenen DNI, einem Dokument für in Argentinien lebende Ausländer, den ich aus meiner Zeit in Buenos Aires noch besaß, brauchte ich keine Gebühr zu bezahlen, ich konnte einfach weiterfahren.

Eine wunderschöne Strecke an Seen und später am Río Manso vorbei endet am Fuße des Vulkans Tronador. Der Berg thronte vor mir, begrüßte mich, und ich spürte sein freundliches Wesen. Und zum ersten Mal verspürte ich die Lust, mit den Bergen zu sprechen. Ob man das lernen konnte? Und wenn ja, würden sie antworten?

DA DIE EINSTÜNDIGE FAHRT auf *ripio*, d. h. auf einer Schotterpiste, mich heftig durchschüttelte, ich nur langsam vorankam und man bei Gegenverkehr immer wieder anhalten oder rückwärtsfahren musste, gönnte ich mir eine Pause, fotografierte den vor mir liegenden Tronador und packte mein Lunchpaket aus. Ich hatte am Vortag Empanadas gebacken, das sind Teigtaschen mit einer Hackfleischfüllung, gemischt mit etwas Ei, Oliven und Rosinen. Zwei von den Empanadas hatte ich für mich eingesteckt, der Rest war für Martín im Kühlschrank geblieben. Zum Nachtisch aß ich ein paar mitgebrachte Kirschen. Das Wasser holte ich mir an einem kleinen Bach. Der Himmel war leuchtend blau, und das sollte auch so bleiben. Darüber war ich froh, denn gutes Wetter brauchte ich für meinen Aufstieg. Eine halbstündige Fahrt lag noch vor mir, immer mit Blick auf den verloschenen Vulkan Tronador mit seinen drei Gipfeln und mehreren Gletschern.

Ich kam an der Hostería Pampa Linda an, wo ich mein Auto abstellen konnte. Hier beginnt der Aufstieg zum Refugio Otto Meiling. In einem kleinen Blockhäuschen gegenüber der Hostería sollte man sich registrieren und ein paar

Informationen über sein Vorhaben hinterlassen. Gemeinsam mit zwei Kanadiern füllte ich das Papier aus, die anderen beiden wollten den »*Paso de las nubes*« gehen, eine zweitägige Wanderung, auf der man am Ende nach einer Schifffahrt über den Nahuel Huapi wieder nach Bariloche kommt. Ich wünschte ihnen viel Glück und ging meinen Weg allein.

UND SCHON BEI MEINEN ERSTEN SCHRITTEN vorbei an rot blühenden Fuchsien hörte ich plötzlich ein Donnern. Im ersten Moment erschrak ich und dachte an ein Gewitter. Aber ein Donner bei leuchtend blauem Himmel, das gab es nicht. Und mir kamen die Eisbrocken wieder in den Sinn, die hier in der Nähe von einem Gletscher abbrechen und herabstürzen. Ich konnte sie nicht sehen, aber das Wissen um dieses Phänomen nahm mir den Schrecken.

Zwei Stunden später war ich hoch genug, um zwischen den Bäumen hindurch auf die Kante zu schauen, auf die Abbruchstelle des Castaño Overo, von der sich das Eis immer wieder ablöst und in die Tiefe stürzt. Mit Blick auf den Gletscher setzte ich mich hin, um einfach nur auszuruhen, absichtslos und ohne Erwartung. Im Inneren ahnte ich aber, dass es der richtige Moment war. Und siehe da, nach ungefähr dreißig Minuten brach ein riesiges Stück Eis ab, zerbröselte etwas in der Luft und stürzte hinunter in einen kleinen türkisgrünen See. Der Donner kam ein paar Sekunden später.

Mein Fotoapparat war gut verpackt in meinem Rucksack geblieben. Aber das machte nichts.

Ich brach wieder auf, verließ bald den Wald und stieg über Felsbrocken und zwei Schneefelder bis zur Hütte. Der Weg war leichter und kürzer, als ich dachte, und beim Eintritt in die Hütte überkam mich ein freudiges Gefühl, im Refugio angekommen zu sein. Ich ließ mich auf einer Holzbank nieder und bestellte ein kühles Getränk. In solchen Momenten weicht die Anstrengung des Aufstiegs von mir, der Augenblick übernimmt das Sein, und ich bin einfach nur da. Alles andere verdunstet, wird ungreifbar. Zurück bleibt eine kristallene Reinheit, die meinen Raum erfüllt und manchmal sogar darüber hinausgeht.

So nehmen mich dann auch die anderen in der Hütte wahr. Sie kommen von überall her, aus Argentinien, Australien, Kanada, Israel oder dem Nachbarland Chile. Manche sind aus Bariloche, kennen sich ein bisschen besser aus und erzählen von Routen, die nicht auf den Karten eingezeichnet sind. Hier oben unter dem südlichen Sternenhimmel, in klaren, kalten Sommernächten, fällt die Vergangenheit einfach von mir ab. In den Gesprächen mit den anderen zählt nur der zurückliegende Tag, und beim gemeinsamen Abendessen erzählt man sich meistens, wie es am nächsten Morgen weitergehen soll.

Dort oben fällt es leicht, sich den einfachen Dingen hinzugeben, dem Himmel, dem Wasserfall, dem Fels und dem Gletscher.

AM SPÄTEN NACHMITTAG FING DER HÜTTENWIRT an zu kochen. Um neun sollte es dann Gulasch mit Spätzlen geben. Für mich war das extrem spät, und ich aß meinen Apfel schon als Vorspeise. In den Refugios rund um Bariloche wird das Brot selbst gebacken und manchmal sogar Bier gebraut. Einzelne Schlafräume gibt es nicht, geschlafen wird auf Matratzen auf dem Dachboden bei offenen Fenstern. In manchen Hütten werden Schlafsäcke gegen eine Gebühr ausgeliehen, Decken liegen gestapelt in einer Ecke und sind umsonst. Ich hatte selbst eine gute Ausrüstung dabei und machte mir keine Sorgen. Das Abendessen war sehr lecker, und gegen zehn lag ich dann auf meinem Platz in meinem Schlafsack, müde genug, um sofort einzuschlafen. Aber von den dreißig Personen, die dort oben übernachteten, schnarchte ausgerechnet mein Nachbar richtig laut. Ich schubste ihn öfter an, er drehte sich dann um, aber es nützte nicht viel. Und als ich dann gegen fünf gar nicht mehr einschlafen konnte, war die Nacht für mich vorbei.

Ich stand auf, zog mich warm an, stieg leise die Treppe hinunter und ging vor die Hüttentür. Nach einer kleinen Wanderung im Halbdunkel durch glitzernden, knirschenden Schnee ging die Sonne über den Bergen auf, und der Tronador leuchtete rot. In der Ferne entdeckte ich mehrere kleine schwarze Punkte in einer Linie, und mir fiel ein, dass eine Gruppe von Bergsteigern in der Nähe der Hütte am Abend zuvor ihre Zelte aufgeschlagen hatte. Sie waren schon ein bis zwei Stunden zuvor in der Dunkelheit aufgebrochen, um einen der Gipfel zu besteigen.

Hinter den Bergen, von der chilenischen Seite kommend, zog ein Wolkenfeld auf und schlang sich mächtig und sanft zugleich über die drei Gipfel des Tronadors, während die kleinen schwarzen Punkte der Seilschaft langsam im Eis verschwanden. Ein kalter Wind kam auf, und ich ging wieder zurück in die Hütte.

*

DIE MENSCHEN IN BARILOCHE sind Anfang des Sommers immer angespannt. Ich möchte mich verabreden, doch die meisten haben keine Zeit, verschieben Termine oder sagen sie ganz ab. Für uns unvorstellbar, aber hier real: Mit dem Sommeranfang geht in Argentinien gleichzeitig das Jahr zu Ende.

Weihnachten fällt zusammen mit dem Abschluss des Schuljahres der Kinder, und diejenigen, die im Tourismus arbeiten, bereiten sich auf die sommerliche Hochsaison vor. Zwischen den Jahren verwandelt sich der ruhige Ort in ein Zentrum für Backpacker und Patagonien-Reisende aus der ganzen Welt. In der kleinen Fußgängerzone im Zentrum kaufen sie die letzten nötigen Dinge für ihre Exkursionen ein oder sitzen einfach nur in der Sonne, essen ein Eis oder trinken ein kühles Bier aus einer der lokalen Brauereien des Ortes.

In den Bergen werden die Hütten voller, in der Stadt sind die Busse des öffentlichen Nahverkehrs überlastet.

CARMEN KAM MICH DESWEGEN schon Ende November besuchen. Mit ihr gehe ich Wanderwege in Deutschland, Österreich und Italien. Sie ist immer gut gelaunt, lacht viel und lässt mein Herz schwingen. Kaum sind wir gemeinsam losgegangen, finden wir den gleichen Rhythmus, gehen bergauf und bergab miteinander in Resonanz, freuen uns gemeinsam auf Pausen und auf ein gutes Essen nach einer langen Wanderung. Sie kommt aus Spanien, was das Einleben hier in Bariloche für sie sehr erleichtert. Denn einfach ist es nicht. Sie versteht, was die Menschen sagen, doch ist oft komplett überrascht über das, was sie tun. Da ist der Taxifahrer, der mit Edelsteinen heilt und ein Orakel als Kartenset entwickelt hat. Der Sohn der Kaffeehausbesitzerin ist im europäischen

Sommer mit seinem Gleitschirm allein von Bilbao über die Pyrenäen, entlang der französischen Küste Richtung Norden, über die Alpen, am Mont Blanc vorbei, bis Österreich geflogen. Der Gleitschirm war sein Verkehrsmittel, in einem zweiten kleinen Rucksack bewahrte er alles auf, was er für die Reise noch benötigte. Oder eine Bekannte erhielt plötzlich eine Whatsapp-Nachricht ihrer Freundin, dass sie gerade mit dem Pferd von Mar de Plata an der Atlantikküste bis Bariloche reitet. Sie teilte ihr mit, wo sie gerade war und dass sie noch zehn Tage brauchte. Als sie dann in Bariloche ankam, war sie so dehydriert, dass sie zwei Tage im Krankenhaus liegen musste. Es ist ein Ort der Extreme.

Zu den so abenteuerlichen und unterschiedlichen Menschen kommt das heftige Klima hinzu. Die Sonne ist sehr stark, und der Wind kann so viel Staub aufwirbeln, dass man ihn später in den Haaren, zwischen den Zähnen und auf der Zunge spürt. Wenn es stürmt, kann der Strom ausfallen, und bei heftigem Schneefall sind weiter außerhalb liegende Stadtteile oft eingeschneit. Die Menschen beklagen sich wenig, sind in der Regel darauf vorbereitet.

Die riesigen, sehr hohen Bergwände wirken manchmal bedrohlich, und Wolken bäumen sich auf, um sich zu einer Art überdimensionalem Ufo zu formen.

IM UNTERHOLZ WÄCHST HIER IN PATAGONIEN eine Bambusart, die man »Colihue« nennt. Die schmalen Stämme der Pflanze sind viel härter als die Stämme der Bambusart, die wir aus Europa kennen. Man kann sogar Fahrradrahmen aus diesem Holz bauen.

Auf meinen Wegen zu den Refugios rund um Bariloche begegne ich der Colihue oft. Manchmal ist die Pflanze zartgrün, mit jungen Trieben, und manchmal sind weite Teile des Gehölzes abgestorben. Ich fragte mich immer, warum, bis es mir eine Freundin erklärte.

Die Colihue blüht nur alle vierzig bis siebzig Jahre, es hängt von der Region ab, so ganz genau weiß man das nicht. In dieser Zeit blüht sie nur einmal, und wenn sie kurz vor dem Ende ihres Lebens welkt, verteilt sie schnell noch ihre Samen, um ihr Überleben zu garantieren. Danach stirbt sie für immer.

Es braucht viele Jahre, bis aus den Samen die ersten neuen, frischen Triebe wachsen. Die Menschen hier beobachten das Ganze genau, denn wenn die Pflanze ihren Samen verteilt, kommen so viele Mäuse, die sich davon ernähren, dass eine Plage entsteht. Und das Schlimme ist, dass manche dieser Mäuse einen Virus in sich tragen, den Hantavirus, der bei den Menschen eine tödliche Epidemie auslösen kann. Davor haben viele Angst. Und ich weiß nun genau, was gemeint ist, wenn zum Beispiel jemand zu mir sagt: »In Villa La Angostura blüht jetzt die Colihue.« Aber verstehe ich wirklich, was es bedeutet?

Kurz nach dem großen Erdbeben in der Stadt Valdivia, Anfang der Sechzigerjahre, zerstörte ein Tsunami auf dem See Nahuel Huapi den Hafen von Bariloche, und 2011 nach dem Vulkanausbruch des Puyehue regnete es Asche auf die Stadt. Niemand war vorbereitet, niemand hatte genügend Wasser oder Vorräte zu Hause.

Obwohl ich das alles weiß, Fotos gesehen und Menschen mir davon erzählt haben, kann ich es mir nicht richtig vorstellen. Und vielleicht ist das gut so.

Aber ich weiß auch, dass es für andere wiederum schwierig ist, sich vorzustellen, wie es ist, wenn eine Mutter am Bett ihres Sohnes sitzt und spürt, dass er sich im Koma an der Pforte zwischen Leben und Tod befindet – und das nicht nur einmal, sondern dreimal.

So wie ein Vulkanausbruch die Natur selbst ist, ist ein Sturz, ein Unfall, das Leben selbst. Es gibt keine Trennung zwischen Leben und Tod, zwischen Katastrophe und …

WAS IST DAS GEGENTEIL VON KATASTROPHE? Und was bedeutet eigentlich das Wort »Katastrophe«? Ich schlage es nach und treffe auf folgende Erklärung: »ein schweres Unglück, ein Naturereignis mit verheerenden Folgen«.

Oder eine andere Erklärung aus der Literaturwissenschaft: »eine entscheidende Wendung zum Schlimmen als Schlusshandlung in einem antiken Drama«. Mit keiner der Erklärungen war ich einverstanden.

*

IN BARILOCHE HATTE ICH BÁRBARA, EINE MALERIN, kennengelernt, und gemeinsam mit ihr und Carmen unternahmen wir eine kleine Exkursion. Dominik, ein gebürtiger Schweizer, und Flor, die eigentlich Florencia heißt und aus La Plata kommt, haben uns morgens in ihrem Pick-up in Bariloche abgeholt. Unser Ziel war eine kleine Farm am oberen Flusslauf des Río Chubut, hundert Kilometer südöstlich von Bariloche. Dort wollten wir wandern und sein, einfach nur sein.[8]

Wir fuhren Richtung Süden nach El Bolsón auf der legendären Straße, die von Alaska bis Tierra de Fuego (Feuerland) geht. Flor saß neben mir. Sie trug eine wunderschöne, von der Sonne verblasste rosa Boina, eine Baskenmütze, die sich immer wieder verformen lässt, sodass jeder sie anders benutzen kann. Hier tragen die Gauchos und Landbewohner diese Mütze gegen Kälte, Wind und Sonne.

Flor sprach wenig und war schüchtern. Aber ihr mildes, weiches Lächeln war mir sofort aufgefallen. Später erzählte mir Tammy, die Chefin der kleinen Farm, dass sie noch einige Jahre zuvor von irrationalen Ängsten getrieben war, aber dass ihr das Leben in den Bergen sehr gutgetan hat. Wenn sie nicht auf der Farm arbeitete, lebte sie in Bariloche, wo sie aktives Mitglied der freiwilligen Feuerwehr ist. Wollte sie auf diese Art ihren Ängsten begegnen?

NACH EINER KAFFEEPAUSE IN EL BOLSÓN verließen wir die Ruta 40 und fuhren weiter nach El Maitén. Ein paar Kilometer hinter dem Ort verließen wir die asphaltierte Straße und folgten auf einem steinigen Weg dem Río Chubut flussaufwärts. Wir fuhren durch patagonische Steppe, wissend, dass hinter dem Horizont die schneebedeckten Berge der Anden liegen. Dort entspringt der Río Chubut, der dann vom Westen achthundert Kilometer weit Richtung Osten fließt, wo er in den Atlantik mündet. In der Sprache der Tehuelche, der Ureinwohner dieses Landstriches, heißt *chubut* »klar« und »durchsichtig«.

Und wegen seines Goldgehaltes gab es sogar am oberen Flusslauf eine stillgelegte Goldmine. Es war später Frühling, und in den Wintermonaten zuvor hatte es viel geschneit, sodass der Fluss sehr hoch stand. Aber zum Glück konnten wir ihn durchqueren, erst mit dem Auto, dann zu Fuß und später mit den Pferden.

Nach einer abenteuerlichen einstündigen Fahrt, auf der uns weder ein Auto noch ein Mensch begegnete und wir selbst immer stiller wurden, kamen wir auf Tammys und Dominiks kleiner Farm an, zwei Holzhäuser umgeben von Pappeln und Weiden, direkt am Fluss. Auf den Wiesen grasten Pferde, und ab und zu hörten wir Schafe blöken. Horaldo, ein Mitarbeiter der Farm, hatte uns auf einem »langsamen Feuer« ein großes Stück Rindfleisch gebraten. In der kleinen Hütte war der Tisch für uns gedeckt. Zum Fleisch gab es grünen Salat, selbst gebackenes Brot und Zitronenlimonade mit frischer Minze, die unterhalb der Hütte an einem kleinen Bachlauf wuchs. Zum Nachtisch probierten wir noch einen riesigen Flan. Unter dem Holztisch fühlte es sich plötzlich an meinen Waden ganz warm und weich an. Ich schaute nach. Es war ein ganz junges, Tage zuvor geborenes Lämmchen, das seine Mutter verloren hatte und nun von Flor mit der Flasche großgezogen wurde. Hier gab es keinen Strom und kein Netz, und mein Blick streifte zur Tür hinaus zum Horizont der Bergketten, wo sich meine alten, schweren Gedanken in Staub auflösten, um als neue Ideen wieder zurückzukommen.

Nach dem Essen badeten Carmen und ich im Fluss und ließen uns einfach mit der Strömung flussabwärts treiben. Bárbara malte. Bevor wir wieder gemeinsam zur Hütte gingen, stand ich noch eine Weile am Wasser.

Wenn genau vor mir, im vorbeifließenden Wasser, die Gegenwart ist, kann der Fluss dann meine Vergangenheit mitnehmen? Oder ist es die Zukunft, in die er fließt? Und woher kommt er? Liegt die Vergangenheit flussaufwärts Richtung Quelle? Kann meine eigene Vergangenheit an mir vorbeifließen?

WÄHREND EINER KLEINEN ABENDWANDERUNG mit Tammy und ihren Hunden tauchten die ersten Sterne am Himmel auf, und ich entschied mich, draußen zu schlafen.

Ich hatte einen guten Schlafsack und eine Wollmütze dabei. Die Milchstraße verlief genau über meinem Kopf, und zu meinen Füßen stand das Kreuz des Südens. Dieses Sternzeichen war noch vor vielen Tausend Jahren auch auf der nördlichen Halbkugel zu sehen. Mit der Lageveränderung der Erdachse verschwand es aus dem Norden und gibt hier im Süden den Seefahrern die Richtung an. Der Stern an der Spitze des Kreuzes heißt Gamma Crucis und ist 90 Lichtjahre von der Sonne entfernt. Das wusste ich, aber vorstellen konnte ich es mir nicht.

Ich musste an die Astronauten der Apollo 8 bei der ersten Mondumrundung denken, an ihr Staunen und ihr Verblüfftsein, als sie die Erde sahen. Sie waren die Ersten, die sich so weit von der Erde entfernt hatten, dass unser Planet für sie nur noch als blaue Kugel wahrzunehmen war. Als sie sahen, wie die Erde über dem Mond aufging, waren sie überwältigt. Darauf, so sagten sie damals, hatte sie niemand vorbereitet. Ihr Auftrag war gewesen, den Mond und seine Oberfläche in allen Facetten zu fotografieren. Man kennt diese Bilder in Schwarz-Weiß.

Doch ihre Aufnahmen von der blauen Erde gingen um die Welt und gehören heute zu den meist veröffentlichten Fotos überhaupt.

DOMINIK BRACHTE MIR NOCH EINEN PONCHO zum Zudecken, und Carmen setzte sich noch einen Moment zu mir. Es war ganz still. Nach einer Weile ging sie leise zurück. Ich zog mir meine Wollmütze über beide Ohren und schlief sogleich ein. Um fünf Uhr in der Frühe wurde ich geweckt von den neugierigen grasenden Pferden. Und zu meiner Freude qualmte der Rauch aus dem Schornstein der kleinen Hütte. Flor war schon wach, der Raum war warm, und sie hatte Kaffee gekocht.

UM 9.30 UHR BRACHEN WIR AUF, um die Mirandas zu besuchen, eine Siedlerfamilie, die zu Fuß drei Stunden flussaufwärts lebt. Der Großvater der Familie war um das Jahr 1930 aus Chile nach Argentinien gekommen, um sich hier am oberen Río Chubut niederzulassen. In den Siebzigerjahren entstand in den Felsen oberhalb ihrer Häuser eine Goldmine, in der man aber nur ein paar Jahre Gold abbaute. Die Mine war nicht ergiebig genug gewesen. Die Mirandas benutzen heute die Schuppen und eine kleine Kapelle der ehemaligen Minenarbeiter. Dort übernachten neben einem kleinen Altar Verwandte, wenn sie mal zu Besuch kommen. In einer Ecke hinter der Eingangstür lagen Hirschgeweihe auf dem Boden. Blanca hatte für uns Pasta zubereitet, Don Manuel, ihr Ehemann, hatte eine Ziege im Ofen gebraten. Vor und nach dem Essen gab es Mate. Carmen trank zum ersten Mal diesen Tee aus den Blättern des Mate-Strauchs und machte dabei so viele Fehler, dass sie die beiden Cousins Daniel und Manuel zum Lachen brachte.

DER HAUSHERR DON MANUEL zog sich nach dem Essen um und erschien in einer beigen Gauchohose, einer *Bombacha*, gehalten von einem mit Münzen beschlagenen Ledergürtel. Dazu trug er ein kariertes Hemd mit Seidentuch, einen schwarzen Hut mit einem Band in den Farben der Nationalflagge Argentiniens, weiß und hellblau, und hohe, frisch polierte Lederstiefel. Er zeigte uns sein Rennpferd, das schon mehrere Preise gewonnen hatte. Wie auf einer landwirtschaftlichen Ausstellung führte er das Pferd vor uns auf und ab. Wir bewunderten ihn und sein Pferd.

Nach einer kleinen Siesta an einem Bach forderten die Mirandas uns auf, das Haus zu betreten. Der Mittagstisch war abgeräumt, die Stühle standen im Halbkreis im Wohnzimmer, und wir sollten uns setzen. Kurz dachte ich, die Familie wolle nun mit uns beten, bis Don Manuel das Radio anstellte. Mittlerweile waren alle versammelt und hörten aufmerksam zu. Es lief ein Radioprogramm des staatlichen Senders der Provinz Río Negro, das täglich um diese Zeit gesendet wird. Es nennt sich *Avisos al Poblador de la Zona Rural* (Nachrichten an den Siedler in ländlichen Gegenden).

Man konnte schriftlich Nachrichten beim staatlichen Radiosender hinterlassen, um so seinen Angehörigen in weit abgelegenen Gegenden ohne Internet, Funk und Telefonempfang Informationen und Grüße zu übermitteln. Dabei achtete man sehr darauf, dass die Nachrichten nicht beleidigend waren oder Informationen beinhalteten, die zu viel preisgaben. Ging es zum Beispiel darum, eine Verabredung zu vereinbaren, konnte sich das folgendermaßen anhören: »Werde morgen aus dem Krankenhaus entlassen. Warte auf mich an der Stelle, wo wir den Fluss überqueren. Bring mein Pferd und eine warme Jacke mit.«[9]

»*Te hago un social*« würde in unserer Sprache so viel bedeuten wie: »Ich schicke dir eine Whatsapp-Nachricht.« Alle lauschten aufmerksam. Das Ganze dauerte ungefähr zehn Minuten. Blanca schmunzelte manchmal oder Don Manuel nickte mit dem Kopf. Da wurde mir klar, dass sie die Menschen natürlich kannten, um die es ging. Auch wenn für sie persönlich keine Nachricht dabei war, erfuhren sie dennoch, was um sie herum passierte – bei den Nachbarn, Verwandten und Freunden.

Später erzählte mir Dominik noch, dass die Cousins ein Handy besitzen und dass sie manchmal eine Stunde im Sattel sitzen, um in den Bergen an eine Stelle zu gelangen, an der sie Empfang haben.

Wir bedankten uns herzlich und verabschiedeten uns von allen, besonders von Blanca, der Ehefrau von Don Manuel, die als einzige Frau dort oben in den Bergen lebte.

Zurück in unserer Hütte hatte Horaldo schon zwei Pferde gesattelt, und Carmen und ich konnten in den Abendstunden zusammen mit Dominik den Río Chubut durchqueren, diesmal aber ging es flussabwärts. Die Sonne ging spät unter. In der kleinen Hütte gab es nach unserem Ausritt ein leckeres Abendessen, ein auf dem Feuer zubereitetes Hähnchen mit Gemüse. Diesmal wählte ich zum Schlafen ein Dach über dem Kopf und teilte mir eine kleine Kammer mit Carmen. Am nächsten Morgen nach einem wunderbaren Frühstück mit frischen Eiern, Toast und selbst gemachter Marmelade brachte Dominik uns glücklich und zufrieden wieder nach Bariloche. Ich werde zurückkommen. Diese kleine Farm ist ein Ort, aber auch ein Dasein.

EIN PAAR WOCHEN SPÄTER WOLLTE ICH mit einer argentinischen Freundin zurückkehren. Wir hatten die Exkursion für Mitte Februar geplant. Eines Morgens aber rief die Freundin mich an und sagte ab. Sie hatte Bedenken, weil es in einem Ort in der Nähe Menschen gab, die sich mit dem Hantavirus angesteckt hatten, und in Epuyén, achtzig Kilometer weiter, sich nahezu hundert Personen in Quarantäne befanden. Sie wollte nichts riskieren, erklärte sie mir. Und wir fuhren nicht.

KURZ ÜBERLEGTE ICH, OB DIE VERBREITUNG des Hantavirus als ein Naturereignis oder eher eine Naturkatastrophe einzuschätzen sei, und entschied, die Zeitung regelmäßig zu lesen. Ich wollte wissen, was mit den Menschen geschieht, die sich angesteckt hatten, und ob es eine Chance gibt, eine Infektion des Hantavirus zu überleben.

Gleichzeitig entschied ich innerlich, bei meinem nächsten Aufenthalt in Patagonien zu dieser kleinen Farm am Río Chubut zurückzukehren.

*

MARIA JOSÉ KAM MICH BESUCHEN. Sie ist eine alte Freundin aus meinen Jahren, in denen ich in Buenos Aires lebte. Ein paar Mal hatte sie mich in Deutschland besucht, und ich konnte immer, wenn ich über Buenos Aires nach Frankfurt zurückflog, ein paar Tage bei ihr wohnen. Sie hat ein kleines Studio oberhalb ihrer Wohnung mit einer begrünten Terrasse und einen Blick auf das Häusermeer der Millionenstadt.

In Bariloche wanderten wir gemeinsam zum Refugio Frey, schauten auf dem Weg dorthin dem Pájaro Carpintero, dem patagonischen Specht mit seinem roten Köpfchen, zu, badeten im Nahuel Huapi oder saßen stundenlang mit Bárbara im Garten des Salon Bellevue, einem Café auf der Halbinsel Llao Llao mit Blick auf den Cerro López und den Lago Moreno. Dort aßen wir Scones und leckere Himbeertorte und erzählten uns unsere Geschichten.

Maria José kann reiten und wollte gern eine *Cabalgata*, einen Ritt in der Natur unternehmen. Das war für mich nicht ganz so einfach, denn ich hatte noch nie länger als zwei Stunden auf einem Pferd gesessen.

Bei der Vorstellung, zu traben oder zu galoppieren, kam mir die Angst. Aber das kannte ich natürlich schon, und ich gab dem Gefühl keine große Bedeutung.

Maria José organisierte alles, und an einem sonnigen Morgen saßen wir in unserem Auto und verließen das Städtchen Richtung Steppe (Abb. 11). Bariloche liegt an der grünen, den Anden zugewandten Seite des Sees.

Auf der anderen Seite des Lago Nahuel Huapis gelangt man schnell in eine andere Klimazone, es wird windiger und trockener, das Grün verliert sich, und die Luft wird heißer.

Hinter dem Ort Dina Huapi verlässt der Río Limay den See, der sich im weiteren Flusslauf durch das Tal Valle Encantado schlängelt und auf den Fluss Río Neuquén trifft. Beide fließen zusammen und bilden den Río Negro, der Argentinien durchquert und später in den Atlantik mündet. Dort, wo der Río Limay aus dem Nahuel Huapi, seinem Quellsee, heraustritt, sollten wir Gustavo treffen, einen Argentinier, der seine Pferde auf der Estancia San Ramón untergestellt hatte. Von dort aus wollten wir gemeinsam am

Ufer des Flusses entlangreiten. Gustavo wartete auf uns an der Ruta 40, hinter einer Polizeistation, die direkt an der Grenze zwischen den beiden Provinzen Neuquén und Río Negro liegt.

Alles klappte wunderbar, und nach wenigen Minuten saß ich auf einem Pferd mit dem Namen »Gabino«.

Gustavo trug eine *Bombacha*, die bereits erwähnte typische Gauchohose, ein Messer am Rücken, das er auch als Werkzeug benutzte, ein kariertes Hemd mit Strickweste und einen Hut, der sein gebräuntes Gesicht vor der Sonne schützte. Schatten würde es keinen geben auf unserer Tagestour. Maria José war sehr gut gelaunt, ich ein bisschen skeptisch. Gustavo bemerkte meine Unsicherheit schnell und ließ mich ein paar Übungen auf dem Pferd machen. Mit der rechten Hand sollte ich meinen linken Fuß berühren und umgekehrt. Dann bat er mich, mich aufzurichten und in den Steigbügeln zu stehen. Auch das klappte. Wir schnallten unsere *Alforjas*, unsere Reitertaschen mit unserem Proviant, an den Sattel, und es ging los.

Die Steppe ist eine stachelige Landschaft, die sofort beruhigt. Es war noch früh, aber schon heiß, und nur der Blick auf das türkisblaue Gletscherwasser des Río Limay reichte aus, um mich zu erfrischen.

Ich schloss meine Augen und versuchte zu erfühlen, mit welchem Bein Gabino gerade einen Schritt vorwärts ging.

Auf der anderen Seite des Flusses lag die Estancia Fortín Chacabuco, die ich an den hohen Pappeln erkannte, die immer da wachsen, wo es eine Siedlung gibt. Und weiter unten, flussabwärts, sah man schon die Felsen, die zum Valle Encantado gehören, einem Canyon, durch das sich der Río Limay schlängelt.

Einige Tage zuvor war ich durch ein viel kleineres und noch schöneres Nachbartal des Valle Encantado gewandert und einem Siedler begegnet, der mir von einem ganz besonderen Ort erzählt hatte. »Dort«, so berichtete er mir, »in Cuyin Manzano hat die Sonne vor langer Zeit ihren dreizehnten Strahl in der Erde begraben. Die Reinheit dieses Strahls soll so stark sein, dass sie von den Menschen noch nicht aufgenommen werden kann. Wir würden auf der Stelle schmelzen oder verbrennen. Deshalb sollte der Strahl dort so lange vergraben bleiben, bis die Menschen in Weisheit gewachsen sind und den Sonnenstrahl für sich nutzen können.« Und ich fragte ihn, wann das denn sein würde.

Das wusste er auch nicht, aber ich glaubte ihm diese Geschichte, denn die energetische Dichte und die Stärke des Ortes waren deutlich zu spüren. Dosiert und durch die Erde gefiltert kamen schon einige Strahlen an der Erdoberfläche an, genau so, wie es die Sonne wollte.

GUSTAVO HATTE MICH SCHON EIN PAAR MAL auf Deutsch angesprochen, und ich fragte mich, welche Geschichte sich mir wohl mit ihm eröffnete. Er muss wohl einmal in Paris gewesen sein, denn auf seinem Foto auf Whatsapp sah man hinter seinem strahlenden Gesicht den Eiffelturm. Aber ich wollte nicht zu neugierig erscheinen und schwieg erst einmal. Er erzählte, wie er seine Pferde zureitet, woher sie stammen, dass er ihnen meistens den Namen seiner Vorbesitzer gibt und dass er sie liebt. Manchmal wird ihm ein Pferd gestohlen. Er sucht es dann, aber weil die meisten Menschen Pferde klauen, um sie aufzuessen, macht das Suchen wenig Sinn.

Bildtafeln

ABB. 1 Vulkan Villarica

ABB. 2 Vulkan Puyehue

ABB. 3 *Puyehue,* Aquarell von BÁRBARA DRAUSAL

ABB. 4 Die Insel Mocha

ABB. 5 Holzskulpturen in Tirúa, »Chemamüll« genannt, die Wächter der verstorbenen Seelen

ABB. 6 Lago Nahuel Huapi

ABB. 7 Gletscher Ventisquero Negro unterhalb des Vulkans El Tronador

ABB. 8 Vulkan El Tronador

ABB. 9 *Vulkan*, Lackbild von BÁRBARA DRAUSAL

ABB. 10 Refugio auf Tammys und Dominiks kleiner Farm, Región Alto Chubut

ABB. 11 Steppe bei Bariloche

ABB. 12 Vom Vulkan Puyehue verbrannte Wälder

ABB. 13 Estancia Fortín Chacabuco

ABB. 14 Puerto Blest

ABB. 15 *Rio frio,* Aquarell von BÁRBARA DRAUSAL

ABB. 16 Wasserfall *Cascada del Arroyo Frey*

AM ANFANG RITT ICH HINTER IHM. Und zum Glück hatte ich ein Tuch dabei, das ich mir vor den Mund binden konnte, denn die Pferde wirbelten die Asche auf, die hier immer noch wie Puderzucker zwischen den Steppensträuchern lag. Es störte mich nicht sehr.

Unser Weg schlängelte sich am Río Limay entlang bis zu einer Stelle am Fluss, wo wir anhielten, ein Feuerchen machten und unseren Proviant auspackten. Die Pferde stillten ihren Durst und verschwanden kurz danach zum Grasen hinter ein paar Weidebäumen. Anbinden brauchte Gustavo sie nicht.

Wir kochten Wasser für einen Mate und aßen unsere Brote. Gustavo hatte Käse, gekochten Schinken, Toastbrot und Kekse für uns mitgebracht. Er breitete alles auf einer Decke aus, machte es sich bequem und erzählte seine Geschichte.

ER KAM AUS BARILOCHE, seine Eltern hatten ihn verlassen, als er noch sehr jung war, erst die Mutter, dann der Vater. Eine Mapuche-Familie aus der Nachbarschaft hatte ihn aufgenommen und für ihn gesorgt.

Mit elf Jahren kam er in eine deutschstämmige Familie, die ihn auf die Deutsche Schule von Bariloche schickte. Er lernte ihre Sprache, aber konnte sich an keine einzige Regel des Alltags gewöhnen. Immer wieder brach er aus, suchte das Weite und seine Freunde mit den Pferden. Tage und Nächte verbrachte er im Freien, und als Jugendlicher kam er zu dem Punkt, an dem er nur wenige Alternativen hatte. Drogen, Stehlen oder beides, so erzählte er.

Aber dann sagte er lachend: »Mich retteten die Pferde«, und María José und ich schauten uns an und wussten in diesem Augenblick, dass er es genau so meinte. Und ich spürte, dass mit der Liebe zu den Pferden auch die Liebe zu seiner ganz persönlichen, zu seiner inneren Freiheit gemeint war.

NACH EINER LANGEN PAUSE und einer Abkühlung im Fluss löschten wir das Feuer, packten unsere Sachen ein und ritten nach Hause, und jedes Mal, wenn es ein bisschen bergauf ging, ermunterte Gustavo mich zu galoppieren.

Es regte mich erst etwas auf, nach einer Weile ging es leichter, ich ließ die Zügel locker und es gefiel mir. Gabino, so schien es mir wenigstens, gefiel es auch.

ICH KAM GLÜCKLICH UND STOLZ auf mich selbst zur Estancia zurück.

Vom Überleben und Weiterleben

ICH WAR ALLEIN, HATTE MARTÍN NOCH NICHT kennengelernt und ging durch die engen Straßen des Mikrozentrums von Buenos Aires. Ich kam durch die Calle Florida, die damals einzige für Autos gesperrte Straße in der Stadtmitte. Dort hielt ich mich gern auf, trank manchmal einen Kaffee und hörte den Bandoneonspielern zu, die sich dort mit ihren Tangostücken ein bisschen Geld verdienten. Ich suchte einen Buchladen. Irgendjemand hatte mir erzählt, dass es in der Straße Reconquista 533 einen deutschen Buchladen geben sollte, ein Antiquariat. Was ich da genau wollte, war mir unklar, meine Neugierde führte mich, ich ließ es einfach zu. Ich lebte schon einige Monate in der Stadt und war bis zu diesem Zeitpunkt mit genau zwei Menschen befreundet: Laura, meiner Vermieterin, die in La Boca wohnte, dem italienischen Hafenviertel, wo der Tango entstand, und Grete, einer Fotografin, die Deutschland in den Dreißigerjahren verlassen musste.[10]

Ich ging noch ein paar Blocks die enge Straße entlang, als ich plötzlich vor der Hausnummer 533 stand. Die Buchhandlung war im ersten Stock. Ich stieg eine dunkle Treppe hinauf und öffnete die Eingangstür der Librería Anticuaria Henschel, so stand es auf der Glastür, durch die ein bisschen Licht ins Treppenhaus fiel.[11]

Zuerst sah ich zu Türmen gestapelte Bücher auf verschiedenen Tischen, dann die dicht gestellten Regale voller gebrauchter, gelesener Literatur. Hier hatte man über viele Jahrzehnte deutschsprachige Bücher ge- und verkauft – Gedichtbände, Romane, Erstausgaben und Zeitschriften. Hier fanden Auswanderer oder Geflohene ihre eigene Sprache wieder, in geschriebener und gesprochener Form. Ein Stück Vertrautheit in fremder Umgebung. Auf einem Tisch lag das »Argentinische Tageblatt«, eine aktuelle Ausgabe der deutschsprachigen Tageszeitung, die noch immer nicht unweit der Buchhandlung ihren Redaktionssitz hatte. Diese Zeitung bot in den Dreißiger- und Vierzigerjahren vielen im Exil lebenden deutschsprachigen Schriftstellern die Möglichkeit, ihre Texte hier in Argentinien, in Buenos Aires, zu veröffentlichen. Als Wochenblatt gibt es diese Zeitung noch heute.

»Guten Tag, kann ich Ihnen helfen?«, begrüßte mich eine ältere, sehr freundliche Frau auf Spanisch. Sie erinnerte mich mit ihren silbergrauen Haaren und ihrer sanften, fast zerbrechlichen Erscheinung an meine Mutter. »Nein, ich suche nichts Bestimmtes, ich wollte nur mal reinschauen«, antwortete ich auf Deutsch.

Sie hieß Frau SILBER. Ich durfte mich setzen, und wir kamen ins Gespräch. Verfolgt von den Nazis wegen ihres jüdischen Glaubens hatte sie als junge Frau Deutschland verlassen müssen. Weil ihr Verlobter bereits in Buenos Aires war, nahm sie von Marseille aus den ersten Dampfer, der Buenos Aires anlief. Vierzehn Tage später kam sie in der argentinischen Hauptstadt an. »Seitdem bin ich nie wieder in Deutschland gewesen«, erzählte sie mir. Sie hatte mir bereits einen Kaffee serviert, und wir aßen ein paar Kekse. Ob sie etwas vermisse, fragte ich sie.

»Ach ja«, und dann kam eine lange Pause. »Die Kultur, die Freunde und ganz besonders die Familie«, zählte sie auf. Ihre Eltern und ihre Geschwister hatten nicht überlebt. »Aber ein paar Freunde schon. Die waren nicht jüdisch.« Plötzlich leuchteten ihre Augen, und sie erzählte mir von einer Begebenheit, die erst ein paar Tage zuvor passiert war.

»Ich saß in meiner Wohnung in der Nähe meiner Eingangstür, als plötzlich der Postbote einen Brief unter der Tür durchschob. Ich sah die Briefmarke aus Deutschland, den hellblauen Briefumschlag aus Luftpostpapier und den handschriftlich geschriebenen Absender. Der Schriftzug, die Schwingung und die Schönheit der Handschrift habe ich sofort erkannt. Mir blieb fast das Herz stehen. Ich habe sie immer für ihre so schön geschriebenen Buchstaben bewundert, meine beste Freundin aus der Schulzeit, Berta. Sie hatte mich ausfindig gemacht, meine Adresse in irgendeinem Register gefunden und mir geschrieben, nach nahezu fünfzig Jahren.« Frau SILBER strahlte, als sie das erzählte. »Ich las den Brief mit zitternden Händen, Angst und Neugierde«, fuhr sie fort, »und nahm während des Lesens wahr, was ich schon an ihrem Absender gesehen hatte. Ihre Handschrift hatte sich nicht verändert, genauso wenig wie sie selbst, denn ihre Worte klangen so liebevoll wie damals.«

Ihre beste Freundin hatte überlebt und mit ihr ihre Warmherzigkeit.

Frau SILBER und ich freundeten uns an. Ich besuchte sie noch einmal in ihrer Wohnung, wo sie mir, es war gerade Frühling, frische Erdbeeren mit flüssiger Sahne und eine Scheibe Schwarzbrot mit Butter anbot. Das hatte ihr ihre Mutter immer zur Erdbeerzeit gemacht, wenn sie aus der Schule gekommen war. Sie schaute mich zufrieden an. »Das Schwarzbrot bekomme ich heute in Belgrano, einem Stadtteil von Buenos Aires, auf einem Wochenmarkt, und die Erdbeeren kommen aus dem Tigre, dem Delta des Río de La Plata«, fügte sie hinzu.

Manchmal fuhren wir zusammen mit dem Bus oder der Untergrundbahn zu einer Ausstellung oder in ein Café. Immer bezahlte sie mein Ticket für die Fahrt durch die Stadt. Ich hatte keine Chance, selbst zu bezahlen.

»Das haben wir immer so gemacht mit denen, die neu waren. Willkommen im Exil«, sagte sie und lächelte mich an, und ich fragte mich, wie sie überlebt hatte.

*

DIREKT AM SEE, DEM NAHUEL HUAPI, in Bariloche gibt es ein Restaurant und Café. Oft gehe ich nach Erledigungen in der Stadt in den späten Morgenstunden dorthin, um zu frühstücken. Ich suche mir einen Platz an den großen Fensterscheiben, von wo aus man einen Blick auf die gegenüberliegende Seite des Sees hat. Dort liegt die Steppe, und beim genauen Hinschauen erkennt man die Straße, die in den Norden, nach Villa La Angostura und San Martín de los Andes führt.

Der Kaffee ist hier stark, und meistens gibt es *Alfajores*, ein Gebäck mit einer Füllung aus Himbeermarmelade. Die jungen Kellner sind immer erfrischend freundlich, wechseln sich ab und kommen aus Venezuela, Kuba oder der Dominikanischen Republik. Sie verdienen hier mehr als in ihren Heimatländern, und sicherlich schicken sie monatlich einen Teil ihres Lohns nach Hause zu ihren Familien.

An diesem Morgen saß ein älterer Herr am Nachbartisch. Er schaute hinaus auf den See und machte Fotos. Er war wohl ein Tourist, so vermutete ich und fragte ihn nach seiner Herkunft. »Ich komme aus Chile, aus Valdivia. Wissen Sie, wo das liegt?«, fragte er mich.

Ich war nie in Valdivia gewesen, wusste aber, wo es lag. Valdivia ist eine Stadt nordwestlich von Bariloche, an der chilenischen Pazifikküste. Die Stadt war im Jahre 1960 vom stärksten je gemessenen Erdbeben der Welt und kurz darauf von einem Tsunami getroffen worden. Ich sprach ihn darauf an.

»Ja, so war es«, antwortete er, »und es scheint so zu sein, als hätte sich die Stadt bis heute nicht davon erholt. Ich selbst war zu diesem Zeitpunkt noch ein Kind und mit meiner Mutter bei Verwandten in Santiago. Aber mein Vater lebte in unserem Haus, ein paar Kilometer außerhalb von Valdivia, direkt an der Küste. Ich erinnere mich noch genau, es war ein einstöckiges hellblaues Holzhaus mit weißen Fensterrahmen und einer kleinen Terrasse. Mein Vater hatte es selbst gebaut. Wir hatten einen wunderschönen Blick auf den Pazifik, und manchmal sah ich Wale und Delfine vom Fenster aus. Mein Vater ließ mich manchmal durch sein Fernrohr schauen. Doch die Delfine schwammen immer zu schnell, ich konnte ihnen nicht folgen. Aber abends, in der Dunkelheit, war es für mich viel einfacher, die Sterne durch sein Fernrohr zu beobachten. Sie bewegten sich langsamer.

Unser Haus hatte zunächst das Erdbeben überstanden. Aber dann kam die Riesenwelle aus dem Meer, ein meterhoher Tsunami. Er umspülte die Grundmauern unseres Hauses, hob es an und nahm es mit. Zuerst noch ein paar Meter landeinwärts. Es waren nur ein paar Sekunden, bis sich die Welle dann wieder zurückzog auf den Pazifik und das Haus einfach mit hinausnahm.

Mein Vater, der einige Hundert Meter entfernt auf einem Felsen stand, sah unser Haus wie ein Boot auf dem Wasser schwimmen. Er sah es in den Fluten verschwinden, während er zur Salzsäule erstarrte. Das Meer hatte ihm seinen Besitz genommen. Alles, was er hatte. Alles, wofür er all die Jahre in den Wäldern rund um Valdivia als Holzfäller gearbeitet hatte. Er konnte es nicht wirklich begreifen. Er musste sich setzen. Er legte sein Gesicht in seine Hände, eilig hatte er es nicht. Es gab nichts mehr zu retten. Was sollte er tun? Wohin sollte er gehen?

Er wartete einen Moment und wunderte sich darüber, wie weit das Meer sich hinausbewegt hatte. Wo zuvor noch die Wasseroberfläche war, tauchten kleine Felsen und Sandbänke auf. So weit hatte sich die Welle hinausbewegt. Und plötzlich ahnte er es. Dann wusste er es. Erneut bekam er einen Schrecken. Diese Welle würde gleich wieder zurückkommen und vielleicht noch mächtiger sein als beim ersten Mal. Er dachte es und es passierte. Die Wassermassen bewegten sich scheinbar langsam, aber gewaltig auf ihn zu. Er konnte nur hoffen, dass sein Felsen, auf den er sich zurückgezogen hatte, auch diesmal hoch genug sein würde.

Und plötzlich sah er auf der Wasseroberfläche, wie ein Boot auf der Welle, unser hellblaues Haus. Die Welle brachte es zurück. Es schien wie ein sanfter Tänzer auf einem glitzernden Seidenteppich zu schweben. Das Meer brachte unser Haus wieder und setzte es an der Küste ab. Es landete aber nicht auf seinem alten Platz, sondern auf dem unbewohnten Grundstück direkt daneben. Und es war unversehrt, soweit er das aus der Entfernung erkennen konnte. Er konnte es kaum glauben, traute sich zuerst nicht, seinen hohen Zufluchtsort zu verlassen, und schaute sich um. Überall sah er Zerstörung, Schlamm, Wassermassen, Menschen, die auf Erhöhungen flüchteten, aber ganz hinten stand sein hellblaues Haus mit den weißen Fensterrahmen unversehrt, nur nicht mehr an der gleichen Stelle.«

»Was hat er dann getan?«, fragte ich ihn. »Er hat den Besitzer des Grundstückes gesucht, der zum Glück überlebt hatte. Ein paar Tage später verkaufte er ihm das Haus, das tatsächlich nicht stark zerstört war, und kam zu uns nach Santiago.

Erst vor ein paar Jahren bin ich zurückgezogen nach Valdivia. Das Haus, in dem ich die ersten Jahre meiner Kindheit verbracht hatte, steht noch inmitten eines wunderschönen Gartens. Ich wohne jetzt ganz in der Nähe und habe ein nagelneues Fernrohr, mit dem ich täglich auf den Pazifik schaue. Nachts sehe ich die Sterne. Ich kenne die meisten Sternenbilder, das hatte mein Vater mir damals schon beigebracht.« Seine Augen leuchteten hellblau. Er hatte sich inzwischen an meinen Tisch gesetzt, und wir unterhielten uns weiter über das Meer, Zufälle, das Überleben und das Überlebte. Über kleine und größere Wunder. Auch später, in Santiago, hatte seine Familie noch mehrere Erdbeben erlebt.

*

MATTHIAS HATTE SEIN KOMA HINTER SICH GEBRACHT und war aufgewacht. Er konnte uns manchmal erkennen. Er wurde immer noch künstlich beatmet und ernährt. Wie viel er verstand und was er fühlte, war von Minute zu Minute unterschiedlich.

Er hatte zeitweise heftige Halluzinationen, und weil er nicht zwischen Traum und Wirklichkeit unterscheiden konnte, tat ich es auch nicht. Seine Realität wurde auch zu meiner.

Wenn er zitternd von Dämonen sprach, die in seinem Zimmer umherschwirrten, tat ich es auch, öffnete die Tür, sprach diese Dämonen laut und energisch an und befahl ihnen, das Zimmer zu verlassen. Sie hatten da nichts zu suchen.

So beruhigte sich Matthias langsam. Einen Tag später saß unser Hund Manso auf dem Schrank und die Gestalt meiner Mutter auf Matthias' Bettkante. Ich erklärte ihm, dass sich Hunde im Krankenhaus nicht aufhalten dürften und ich Manso wieder mitnehmen müsste. Seine Großmutter jedoch konnte bleiben.

SIE BERUHIGTE DICH, sie ließen wir auf dem Bett sitzen und unterhielten uns gemeinsam mit ihr. Sie wollte immer wieder wissen, wie es dir ging, sah dich an, sprach dich an und hatte Tränen in den Augen. Sie konnte nicht fassen, dass du wieder wach warst. Du nahmst deine Hand und legtest sie auf ihre Schulter. »Oma«, sagtest du, »mir geht es gut«. Daraufhin war sie beruhigt und wollte nach einer Weile wieder gehen.

KURZ DANACH SAH MATTHIAS SEIN HANDY auf dem Nachttisch liegen. Er nahm es in die Hand und tippte mit beiden Fingern auf die Tastatur. So, wie er es immer getan hatte.

Ich schaute auf das Geschriebene und sah nur Hieroglyphen, es war nichts zu entziffern, es waren willkürlich aneinandergereihte Zeilen von Buchstaben und Zeichen ohne Sinn. Er konnte nicht schreiben.

Ich hielt den Atem an, verließ das Zimmer, mir standen Tränen in den Augen, und wieder überkam mich wie eine Riesenwelle eine schreckliche Angst im ganzen Körper. Und ich wusste, das Einzige, was hilft, ist atmen. Und so lehnte ich mich mit dem Rücken an die kühle Wand des Krankenhausflurs, atmete länger aus als ein, ließ alles los. So beruhigte ich mich.

Auf einer Intensivstation wird man zum Glück nicht sofort angesprochen, wenn man weint. Das gehört dazu, jeden Tag und jede Nacht. Nach einer Weile hatte ich meine Mitte wiedergefunden und ging zurück in Matthias' Zimmer. Martín und Tomás waren inzwischen gekommen und spielten Matthias ein paar Musikstücke vor, die seine Freunde ihm in den Wochen zuvor auf sein Handy geschickt hatten.

Später begann Tomás, ihm die Whatsapp-Nachrichten, die er in den vier Wochen seiner Komazeit erhalten hatte, vorzulesen. Und nach langer, langer Zeit sah ich einen Moment des Lächelns und der Freude in Matthias' Gesicht. Seine Augen begannen zu leuchten. Tomás und ich schauten uns kurz an, und ich spürte, wie sich auch mein Gesicht zunächst ganz zaghaft, aber fühlbar etwas entspannte.

Tomás war oft stärker als ich selbst. Nie hatte er daran gezweifelt, dass Matthias wieder aufwachen und wieder richtig gesund werden würde. Woher er diese Kraft hatte, wusste ich nicht. War es sein inneres Wissen, seine Weisheit, seine Intuition? Er sagte nie viel. Aber die Gespräche mit ihm tun mir immer gut.

*

DER CHILENISCHE BEKANNTE HATTE SICH längst verabschiedet, ich hatte es kaum wahrgenommen, so stark war ich in meine Erinnerung eingetaucht. Sie hielt mich so stark in einem Bann, ich konnte mich kaum bewegen, wollte nicht, dass es jemand bemerkte und holte mit Mühe einen Stift und Papier aus meiner Tasche und begann zu schreiben:

»Ich erinnere mich daran, wie wir anfangs gemeinsam durch die Krankenhauskorridore gegangen sind. Wie du immer wieder einen Fuß vor den anderen gesetzt hast, Schritt für Schritt ein Stück weiter kamst und gleichzeitig die Krankenschwestern und Pfleger grüßtest, als würdest du sie schon lange kennen. Bei jedem Aufsetzen auf den Boden taten dir die Füße weh, jemand musste dich stützen.

Du hattest dich mithilfe der Physiotherapeutin zuerst nur auf die Bettkante gesetzt. Dein ganzer Körper schmerzte, ich sah es in deinem Gesicht. Sie hat dir dann auch deine Sneakers angezogen und ist mit dir und einer Krankenschwester deine ersten Schritte gegangen. Deinen Fuß anzuheben, um ihn dann ein Stückchen weiter wieder auf dem Boden aufzusetzen, dabei vorsichtig abzurollen, fiel dir zunächst schwer. Anfangs konntest du deinen Fuß kaum heben und nur ein kleines bisschen nach vorne schieben. Ich sah dich von hinten, und mein Herz raste. Diese Schritte erschienen mir so ziemlich das Gefährlichste, was du je in deinem Leben getan hast.

Du kamst ganz behutsam und langsam ein Stück vorwärts. Erst mal nur im Zimmer, dann durch die Tür hinaus in den Flur. Du kamst am Stationszimmer vorbei, und die schreibende Krankenschwester schaute ganz vorsichtig auf, du solltest nicht bemerken, dass sie dich beobachtete. Nach über vier Wochen im Abseits hattest du dein Zimmer verlassen. Du gingst über den Gang und schautest dich um. Deinem Gehen war ein Aufbrechen vorausgegangen und deinem Aufbrechen eine Entscheidung. Du wolltest gehen. Das spürte ich genau. Auch wenn du noch von zwei Seiten unterstützt wurdest, so sah ich in deiner Körperhaltung deine gesammelte Entschlusskraft. Deine Lust am aufrechten Gang, in der Vertikalen zwischen Erde und Himmel, zwischen Unten und Oben, war nach all den Wochen im Liegen klar zu erkennen. Auch wenn es noch sehr schmerzhaft für dich war und du immer wieder auf deine Füße schautest. Dein Kopf bestimmte nun, was deine Füße tun sollten, in welchem Tempo und wie lange. Du warst ein bisschen größer als vor dem Unfall, so kam es mir jedenfalls vor. Es kann gut sein, dass du im Liegen gewachsen bist. Du warst so dünn, so vorsichtig, so zerbrechlich und doch so stark.

Ich sah dich ja nur von hinten, als ihr plötzlich nach den ersten größeren Schritten im Flur vor einer Glastür stehen bliebet. Das Glas spiegelte dich in deiner ganzen Größe wider. Du schautest dich an, du sahst dein Spiegelbild zum ersten Mal nach deinem Sturz. Ich hielt die Luft an. Wie würdest du reagieren? Was ging dir in diesem Moment durch den Kopf? Was fühltest du? Wolltest du gehen, weitergehen, in ein neues Leben schreiten? Oder würde dich der Anblick deiner selbst erschrecken?

Ich sah, wie du deine Hand über deinen Kopf bewegtest, ganz langsam und behutsam, immer hin und her. Du merktest, dass dir deine Schädeldecke auf beiden Seiten fehlte, dass nur oberhalb des Kopfes von hinten nach vorne ein kleiner Steg übrig war, dass da Klammern waren, dass an vielen Stellen deine Haare fehlten. Niemand sprach. Und niemand wollte sprechen.

Dann legtest du die gleiche Hand wieder auf die Schulter der Krankenschwester und gingst einfach weiter, immer weiter und weiter. Jeden Tag eine Runde mehr.

Und ich erinnerte mich daran, wie du Laufen gelernt und am Strand Steine aufgesammelt hattest. Du standest auf deinen eigenen Füßen, warst überglücklich und riefst immer nur: ›*Otra, otra.*‹ Es waren deine ersten Worte auf Spanisch, und sie bedeuteten in jenem Moment so etwas wie ›noch einer, noch einer‹.

Die Hände voller kleiner dunkler Steine liefst du immer weiter, ohne eine Ahnung zu haben, wohin es gehen sollte.

NACH EIN PAAR TAGEN WOLLTEST DU IN DEN HOF, auf den Vorplatz des Krankenhausgebäudes, in die Sonne und unter Leute. Das war aber anfangs noch viel zu weit. Deswegen holte ich einen Rollstuhl. Damit konntest du dich überall hinschieben lassen, und schon hattest du eine Idee: vom Rollstuhl aus ins Auto zu steigen und nach Hause zu fahren. Das war dein Plan. Das sollte geschehen.«

DIESE SÄTZE AUF PAPIER ZU BRINGEN hatte mir geholfen, mich aus dieser plötzlichen Starre zu lösen. Es ging mir wieder besser, und es fiel mir leichter, mich zu erinnern. Matthias blieb noch ein paar Tage auf der Intensivstation, bis er in ein normales Zimmer verlegt wurde. Weil ihm die Schädeldecke fehlte, wurde sein Kopf vermessen, um einen maßgeschneiderten Lederhelm anzufertigen. Denn die Kopfhaut war zu dünn und bot nicht genügend Schutz. Er selbst wollte nur noch nach Hause, sollte aber zunächst in eine Rehaklinik verlegt werden. Und auf diesen Platz warteten wir. Er hatte überlebt, aber zu überleben heißt noch nicht: leben. Nur wusste ich das zu diesem Zeitpunkt noch nicht.

MATTHIAS WOLLTE NICHT IN DER REHAKLINIK BLEIBEN. Es wurden ein paar Untersuchungen durchgeführt, man testete seine Konzentrations- und Reaktionsfähigkeit, und weil er selbst sicher war, dass ihm nichts fehlte, wollte er nur nach Hause. Er war Fußgänger, was einfach nur hieß, dass er nicht im Rollstuhl saß. Dass sein Körper fünf Wochen bewegungslos gelegen hatte und Kraft und Muskeln brauchte, um sich besser zu fühlen, das wusste er. Er wollte sein Leben wieder zurückgewinnen und selbst in die Hand nehmen, das war sein Ziel. Er hatte mehrmals überlebt, und nun wollte er wieder richtig leben. Nur wusste er noch nicht genau wie.

»Mama«, sagte er einmal in diesen Tagen zu mir, »wenn man Nebel rückwärts liest, was ergibt sich dann?«

CARMEN, MEINE FREUNDIN, UND ICH besuchten Matthias in Bad Godesberg. Wir fuhren früh morgens von zu Hause los und nutzten den Tag, um am Rhein zu wandern und am frühen Abend bei Matthias in der Rehaklinik zu sein. Die Klinik lag linksrheinisch, mit wunderschönem Blick auf den Fluss. Direkt gegenüber liegt das Siebengebirge mit dem Drachenfelsen und dem Petersberg, dem Sitz der Alliierten nach dem Zweiten Weltkrieg. Dort gibt es Wanderwege mit Steigungen, die es bei uns am Niederrhein nicht gibt. Carmen und ich gehen oft in diesem Mittelgebirge wandern, um uns in Form zu halten und genügend Kondition für die Alpen oder die Anden zu haben.

An diesem Tag beeilten wir uns, denn kurz nach fünf trafen wir uns mit Matthias am Haupteingang der Klinik. Er hatte schon auf uns gewartet. Für ihn war es sein erster Besuch in der Öffentlichkeit nach seinem Unfall. Wir fragten uns nicht, ob er die Klinik verlassen durfte. Er tat es einfach.

Ihm fehlte nahezu die komplette Schädeldecke, und er musste unbedingt seinen Lederhelm tragen. Als wir gemeinsam die Straße überquerten, war ich extrem aufgeregt, gleichzeitig aber verbarg ich meine Nervosität mit größter Anstrengung, denn ich wollte nicht, dass die anderen es merkten.

Matthias hatte ein brasilianisches Restaurant für uns ausgesucht. Wir fanden es auch gleich, und alle drei spürten wir die Besonderheit dieses Moments. Er nahm die Speisekarte in die Hand, als würde er es zum ersten Mal in seinem Leben tun. Er lächelte und half Carmen, die sich mit der brasilianischen Küche nicht so gut auskannte, bei der Wahl ihres Gerichts. Wir freuten uns alle drei sehr, und ich sah, wie Leben und Freude in uns zurückkam, wie glücklich wir waren an diesem noch warmen Herbsttag, Anfang Oktober.

Matthias fing an, von seinem Zimmernachbarn zu erzählen. Ein vornehmer Herr, der am Kopf operiert wurde, dem es aber nicht so schlecht ging. Er hatte das Kriegsende in Köln als Kind erlebt und in den gemeinsamen Tagen in der Klinik Matthias fast seine ganze Lebensgeschichte erzählt. Das, was Matthias aber am meisten beeindruckt hatte, war ein Erlebnis des Vaters seines Zimmernachbarn.

Schon als kleiner Junge wollte dieser Mann zur See, das war sein größter Traum, und deswegen meldete er sich bei Kriegsbeginn zur Marine und begann eine Ausbildung zum Offizier. Kurz vor der erwarteten Beförderung nahm er an einer Tagung in einer Nachrichtenschule teil. Er wohnte mit seinen Kameraden auf einem Passagierdampfer, weil es an Kasernen fehlte. Die Ausbildung forderte streng militärisches Auftreten und eine Kleiderordnung nach Vorschrift. Der Zugführer war ihm unsympathisch. Ein nachlässiger Gruß, ein offener Knopf, eine schief aufgesetzte Marinemütze war schon Anlass genug, um zu mäkeln oder sogar zu schikanieren.

Und so auch an jenem Morgen. Sein Vorgesetzter schickte ihn zum Frisör mit dem Befehl, sich wieder bei ihm vorzustellen. Er tat es. Dreimal hintereinander war ihm der Haarschnitt nicht recht. Der Zugführer schickte ihn immer wieder zurück zum Haareschneiden. Beim vierten Mal erklärte ihm der junge Soldat: »Mir genügen drei Haarschnitte täglich. Ich gehe nicht noch einmal.« Das hatte Konsequenzen. Sofort meldete sein Vorgesetzter diese Befehlsverweigerung beim Kompaniechef. Die Beförderung zum Offizier fand nicht statt.

Er wurde versetzt.

Seine Kameraden liefen mit dem nächsten U-Boot-Einsatz aus. Von der gesamten Besatzung kam keiner zurück.

»DAS HATTE IHM DAS LEBEN GERETTET. Und warum gerade ihm? Wie konnte er damit weiterleben? Wer hat uns in der Hand? Wer entscheidet?«, fragte Matthias. »Warum ist er am Leben geblieben, warum gerade er?« Und ich wusste, dass er sich selbst meinte, dem er diese Fragen stellte, und dass es ihm wichtig war, eine Antwort zu finden.

JEMAND HATTE SICH ANS KLAVIER des Restaurants gesetzt und spielte brasilianische Musik. Mit dieser Schwingung ging ein Stück Leichtigkeit durch uns.

Später brachten wir Matthias zurück in die Rehaklinik. Er hätte am liebsten selbst am Steuer gesessen und wäre dann sicherlich noch einen großen Umweg gefahren.

EIN ÜBERLEBENDER IST EIN STRAUCHELNDER, ein Schwimmender, ein Den-Kopf-über-Wasser-Haltender, ein Immer-wieder-zu-atmen-Versuchender. Ein die Vergangenheit Verdrängender, ein jeden Tag neu Beginnender. Ein Sich-warum-Fragender, ein Sich-warum-gerade-ich-Fragender, ein Wie-geht-es-für-mich-weiter-Fragender.

In diesem Seinszustand befand sich Matthias. Ihm war es nicht bewusst, aber ich spürte jeden Tag, wie anstrengend es für ihn war, ein Überlebender zu sein.

Und ich spürte, dass er mit dem Gefühl, ein Überlebender zu sein, den Unfall immer wieder in die Gegenwart zog, ihn vielleicht hundertmal am Tag immer wieder durchlebte.

Wenn er den Gedanken »Ich bin ein Überlebender« verwandeln könnte in »Ich habe mehrmals überlebt«, dann bliebe das Ereignis in der Vergangenheit, und er könnte jederzeit, in jedem Moment ein neues Leben beginnen. Aber das war ihm noch nicht klar. Er bekam für seine Fähigkeit, diesen Unfall und die Folgen mehrmals überlebt zu haben, sehr viel Anerkennung von allen, von den Freunden, den Ärzten und seiner Familie. Er war ein Wunder. Und er solle dankbar sein, sagte man ihm. Er habe ja riesiges Glück gehabt. Er könne doch froh sein, dass er noch lebte. Er hörte sich das alles an, aber glauben konnte er es nicht. Stattdessen passierten ihm immer wieder kleinere Unfälle.

DAS EINZIGE, WAS EIN ÜBERLEBENDER MÖCHTE, ist, dass das Geschehene nicht wieder passiert. Was ich in diesen Monaten nach meinem Unfall viel zu oft tat, war, mir auszumalen, was passiert, wenn es wieder passiert.

Ich sammelte so viele Worst-Case-Szenarien und lebte jede einzelne Emotion noch einmal aus. Ich war ständig auf den schlimmsten Fall, meinen schlimmsten Sturz vorbereitet. Ich dachte, es könnte jeden Moment wieder passieren, mein Gehirn war wie das Blaulicht eines Unfallwagens, und innendrin hörte ich manchmal die Sirenen.

Und basierend auf meiner Vergangenheit projizierte ich das Geschehene in die Zukunft. Das ist verrückt, das ist ein Teufelskreis, aus dem man unbedingt aussteigen muss.

Ich schaute um jede Ecke, auf jede Kante, scannte meine komplette Umgebung und war gleichzeitig eingefroren, eingefroren in einen Moment der Angst.

Und ich stieß mir in dieser Zeit oft den Kopf. Einmal an der Küchenlampe, sodass die Scherben auf meinen Computer fielen und dort Schrammen hinterließen. Ein anderes Mal stolperte ich beim Aussteigen aus dem Bus und fiel auf den Bürgersteig. Wenig später stieß ich mit meiner Stirn gegen die Ablage vor einem Spiegel im Bad, als ich mir das Gesicht waschen wollte. Der Schrecken war so groß, dass ich sofort das Bewusstsein verlor. Freunde fanden mich zum Glück und brachten mich sofort ins Krankenhaus.

NIE IST DANACH ETWAS SCHLIMMES PASSIERT, das war ja schon geschehen. Aber ob das Schlimme, was mir passiert war, auch etwas Schlimmes bedeutete, das fragte ich mich oft. Meine beiden Schädeldecken waren einoperiert, und ich hatte wieder meinen alten harten, dicken Kopf. Meistens wurde nach diesen kleinen Zwischenfällen im Krankenhaus ein CT gemacht. Und jedes Mal erschreckten sich die Ärzte, wenn sie das Innere meines Kopfes auf dem Röntgenbild sahen. So viele Schrauben, so viele Nahtstellen.

Sie kamen dann zu mir, setzten sich neben mich und stellten mir immer wieder nur diese eine Frage: »Wie haben Sie das überlebt?« Es fiel ihnen schwer, sich bei dem Blick auf das Röntgenbild vorzustellen, dass ich lebendig war.

ICH WUSSTE GENAU, wenn ich diesen Moment, den Moment der Angst, nicht überwinde, wenn ich aus diesem Karussell nicht aussteige, kann ich auch kein neues Leben beginnen. Wenn ich nicht wieder lerne zu leben, hatte auch das Überleben keinen Sinn.

Also ging ich erst mal einen Kaffee trinken und dachte darüber nach.

Ariel geht auf Sendung

ICH SASS IN EINEM CAFÉ IN PALERMO, einem Stadtteil von Buenos Aires. Zwischen all den Hochhäusern und engen Straßen der Stadt fühlte ich mich klein. Der halb öffentliche Raum eines Cafés gab mir ein bisschen Schutz und Kühle, denn es war tropisch heiß, der Himmel bedeckt und kurz davor, in jedem Moment zu blitzen und zu donnern. Obwohl es erst Nachmittag war, wurde es draußen immer dunkler.

Ich aß Scones mit Erdbeermarmelade und Frischkäse, dazu einen guten Kaffee. Es waren meine letzten Stunden in Argentinien, bevor ich wieder zurück zu meiner Familie fliegen würde. Mir gingen die letzten Tage in Bariloche noch einmal durch den Kopf, während es draußen von einer Sekunde auf die andere in Strömen regnete, blitzte und donnerte. »Jetzt nur kein Stromausfall«, dachte ich, »und keine Überschwemmung in den Straßen, ich muss noch zu meiner Unterkunft kommen und habe für meinen Heimflug keine trockene Ersatzkleidung dabei.«

Die ersten Passanten flüchteten schon lachend vor den Regenmassen ins Café und besetzten die letzten Plätze. Sie waren diese Unwetter gewohnt und nahmen es gelassen. Ich würde also noch eine Weile hierbleiben müssen, packte meinen Laptop aus und schrieb.

DIE LETZTEN TAGE IN BARILOCHE hatten mich noch einmal bewegt. Kurz vor meiner Abreise nach Buenos Aires war ich an einem Sonntagmorgen nach Villa La Angostura gefahren, dem Ferienort am nördlichsten Ende des riesigen Sees Nahuel Huapi. Dort wollte ich ARIEL DOMÍNGUEZ treffen, einen Journalisten, Radiosprecher, Buchautor und Besitzer eines Sportgeschäftes in der Hauptstraße des kleinen Städtchens. Ariel vermietet über den Sommer Kajaks, SUPs, Fahrräder und sonstige Ausrüstungen an Touristen aus der ganzen Welt. Nebenbei gibt er ihnen nützliche Tipps, kennt die Umgebung gut und ist einer der freundlichsten Verkäufer, die ich in Argentinien kennengelernt habe.

Wir waren verabredet, und ich trat gegen Mittag in seinen Laden. Er rief seine Frau an, die sich um den Laden kümmerte, ich kaufte noch eine kleine leuchtend rote wasserdichte Tasche für meine Kamera, und bald darauf saßen wir auf der Terrasse eines Cafés mit dem Namen »Cucú Schulz«. Ich hatte noch nie in meinem Leben so riesige Tortenstücke gesehen wie in der Vitrine dieses Cafés. Wir bestellten uns frische Obstsäfte, und ich stellte ihm zuallererst die Frage, wie er am Rande des Vulkans Puyehue weiterleben kann, der doch acht Jahre zuvor dieses Städtchen durch seinen Ausbruch so dermaßen bedroht hatte.

»Ich kann«, sagte er, »denn ich weiß, dass er die nächsten vierzig Jahre nicht mehr ausbrechen wird. Jeder Vulkan hat seine eigene Geschichte und seine ganz persönlichen Eigenschaften. Dieser bricht, so hat es sich gezeigt, alle vierzig bis fünfzig Jahre aus.«

Ich wusste, dass Ariel zwei Kinder hat. Ende der Neunzigerjahre war er mit seiner damaligen Freundin und heutigen Frau aus Buenos Aires nach Villa La Angostura gekommen, weil sie nicht mehr in der Hauptstadt leben wollten. Man hatte dort beide in ihrer Wohnung überfallen, und mit dem Wissen, dass das immer wieder passieren könnte, wollten sie nicht leben. So verließen sie Buenos Aires, um in Patagonien, in einer ruhigen Kleinstadt, neu zu beginnen. Ariel arbeitete zunächst als Dachdecker, und oft hörte er seinen Kollegen zu, wenn sie von den Ereignissen des Vulkanausbruchs aus dem Jahr 1960 erzählten. Damals wurde, wie schon kurz erwähnt, die Stadt Valdivia an der chilenischen Pazifikküste von dem größten bis dato gemessenen Erdbeben überrascht. Zwei Tage später reagierte der Vulkan Puyehue, brach aus und bedrohte Villa La Angostura.

Ariel hörte ihre Geschichten als Teil einer weit zurückliegenden Vergangenheit, hörte intensiv zu, ließ sie immer wieder erzählen von ihrer Angst um ihre Familien, ihrer Ungewissheit, an diesem Ort zu bleiben, von ihren Verlusten, ihrer Trauer und ihren Hoffnungen. Er merkte sich alles, kam aber in keinem Moment auf die Idee, dass das Gleiche hier und jetzt wieder passieren könnte. Er liebte sein neues Leben, das ihm die nötige Ruhe und den Frieden schenkte, besonders nach der heftigen Erfahrung des Überfalls in Buenos Aires.

So war es bis zum 4. Juni 2011, dem Tag, als die Asche auf Villa La Angostura fiel und das Städtchen und die Umgebung mit einer etwa fünfzig Zentimeter hohen Ascheschicht bedeckte. Der Strom fiel aus, ein Verkehrschaos entstand, viele, besonders Familien mit Kindern, verließen den Ort, andere bangten um ihr Leben. Ariel blieb. Und er begann, mir aus diesen Tagen zu erzählen.

Zum Zeitpunkt des Vulkanausbruchs arbeitete er als städtischer Angestellter und Rundfunksprecher des lokalen Senders. In den ersten Tagen der Katastrophe konnte er einfach nicht schlafen, war ständig unterwegs, für seine eigene Familie und für den Ort. Aber am dritten Tag vormittags klopfte es plötzlich an seine Tür, und jemand bat ihn, sofort zum Rathaus zu kommen, es sei dringend. Unverzüglich machte er sich auf den Weg, um schnell zu erfahren, worum es ging.

Ein Mann war in den frühen Morgenstunden mit einem Megafon durch ein Viertel des Städtchens gelaufen und hatte das Ende der Welt angekündigt. Um fünf Uhr nachmittags des gleichen Tages würde ein noch nie da gewesenes Erdbeben alles zerstören.

Es war die apokalyptische Botschaft eines Wahnsinnigen, der die Menschen in Panik versetzte. Die Nachricht verbreitete sich in Windeseile, und es galt, sie zu stoppen und den Einwohnern zu vermitteln, dass es sich um eine Lüge, eine Erfindung handelte. Und dazu brauchte man Ariel, den Sprecher des lokalen Radios. Er hatte schnell verstanden und zog sich zurück in den ihm so vertrauten kleinen schalldichten Raum mit einem einzigen Computer, der mit einem Stromaggregat funktionierte.

Wie sollte er vorgehen? Wie konnte er von diesem kleinen Raum aus die Menschen beruhigen, sie davon überzeugen, dass es eine Fake-Nachricht war, dass es so etwas gar nicht gab, dass man kein Erdbeben mit einer so konkreten Zeitangabe vorhersagen konnte? Er atmete tief durch und merkte, dass er sogar mit der Luft dieses kleinen Studios eine Menge Vulkanstaub einatmete. Und er atmete weiter, länger aus als ein, beruhigte sich erst einmal selbst, sammelte sich und legte seine Hand auf den Schalter, der die Musik langsam zurücknahm, um auf Sendung zu gehen. Er sprach und erklärte ganz ruhig, so als ob er jedes einzelne Wort einmal herumdrehen würde, um es von allen Seiten betrachten zu können. Er betonte, wiederholte und hob immer wieder diesen einen Satz hervor: »Es kann gar nicht sein«, und den anderen Satz: »Es wird nicht geschehen.«

Und zwischendurch ließ er Musik spielen, um sich dann bald wieder auf Sendung zu bringen. Und wieder atmete er länger aus als ein, das half. »Es kann gar nicht sein, und es wird nicht geschehen.« Und er stellte sich die Angst der Menschen wie eine dunkle Wolke vor, die sich mit seinen Worten immer weiter verzog und sich am Horizont langsam auflöste.

Seine Stimme und seine Worte beruhigten die Einwohner von Villa La Angostura. Am Abend verließ er erschöpft das Rathaus und ging zurück zu seiner Familie. Noch Monate später sprachen Bewohner ihn an, um sich bei ihm zu bedanken. Er hatte ihnen allein mit seiner Stimme und seinen Worten die Angst genommen, die sich in Windeseile verbreitet hatte. Für sie war Ariels Sondersendung ein Rettungsanker, für Ariel selbst war es ein Moment der Meisterschaft.

Ariel schaute auf die Uhr, seine Mittagspause ging langsam zu Ende, und er musste wieder zurück in seinen Laden. Ich bedankte mich, wir verabschiedeten uns, und ich wusste, dass wir in Kontakt bleiben würden.[12]

ICH FAND EIN RESTAURANT IM HAFEN von Villa La Angostura. Es war Sonntagmittag, das Lokal war voll. Ich musste zwanzig Minuten warten, bevor ein Platz frei wurde. Es gab fast nur große Tische für mehr als vier bis fünf Personen, aber dann wurde doch ein kleinerer Tisch frei, an dem ich dann allein saß. Zwischen all den lachenden, diskutierenden und manchmal auch schimpfenden Familien fiel ich als Einzelperson auf.

Ich bestellte mir hausgemachte Pasta mit Tomatensoße und zum Nachtisch einen Flan.

Vom Fenster aus konnte ich in den kleinen Hafen der Stadt schauen. Von dort aus gingen die Besichtigungsdampfer zu den umliegenden Inseln des Sees. Es war immer noch der Nahuel Huapi, seine nördlichste Spitze.

Nach dem Essen fuhr ich noch einmal hinauf Richtung chilenischer Grenze, um mich vom Vulkan Puyehue zu verabschieden. Ich fuhr durch den verbrannten Wald (Abb. 12), der sich nur ganz langsam erholte, sah am Straßenrand die weißgraue Asche liegen und dachte an Ariel und seine so warmherzige Freundlichkeit. Es war mir nicht erlaubt, mit meinem Auto die chilenische Grenze zu überqueren, weil das Fahrzeug nicht auf meinen Namen zugelassen war. Deswegen kehrte ich um und trat den Heimweg an.

Ein paar Kilometer vor Villa La Angostura fielen mir plötzlich die Colihue-Sträucher am Wegrand auf. Sie waren trocken und braun, als hätte sie der Herbst gefärbt. Manche neigten sich, als wären sie müde, bis weit über den Straßenrand hinaus. Aber es war Februar, mitten im südlichen Hochsommer. Und ich erinnerte mich an das, was eine Freundin zwei Wochen zuvor gesagt hatte: »In Villa La Angostura blüht gerade die Colihue.« Der nächste Gedanke kam wie ein Blitz. »Klar, erst blüht sie und verteilt ihre Samen. Dann stirbt sie ab. Und das Ganze passiert alle siebzig Jahre, und zwar gerade jetzt.« Und ich dachte wieder an Ariel und seine Familie. Ob sie nun Angst vor der Mäuseplage und dem Hantavirus haben würden?

ES WAR SCHON DUNKEL, als ich wieder in unserem Zuhause in Bariloche ankam. Ich stieg aus meinem Auto, schaute zum Sternenhimmel und sah die »*Tres Marías*«, drei Sterne auf einer Linie, die zum Sternbild Orion gehören und die man, anders als das Kreuz des Südens, im Winter auch auf der nördlichen Halbkugel sehen kann.

Bald würde ich wieder in Deutschland sein, bei Tomás, Matthias und Martín. Das freute mich sehr. Ich ging ins Haus, bereitete mir einen kleinen Salat mit Tomaten, Rucola und Walnüssen zu und trank dazu frisches, eiskaltes Wasser, das ich mir an einer Quelle unterhalb des Cerro Catedrals holte. Ich schaute zurück auf die letzten Monate in Patagonien. Und plötzlich hatte ich diesen einen klaren Gedanken: Zum Überleben braucht es Glück und Zufall, aber immer auch eine eigene Entscheidung. Es braucht nach einer Krise oder Katastrophe wieder ein klares Ja zum Leben. Matthias hatte recht, nur so macht das Überleben einen Sinn.

Ich wusste jetzt, dass man sich, um glücklich weiterleben zu können, entscheiden musste. Und diese Entscheidung hatte ich hier für mich getroffen, hier zwischen der Andenkette und einem der tiefsten Seen Argentiniens, zwischen neuen Freunden und meiner Familie. An stürmischen Tagen, in Berghütten, unter sternenklaren Nachthimmeln, am wilden Pazifik der chilenischen Küste, zwischen Felswänden, in kühlen Gletscherbächen und in stacheliger Steppe auf der anderen Seite des Nahuel Huapi war mir klar geworden, dass Glück nicht von alleine kommt. Glück braucht eine Entscheidung, und ich hatte mich entschieden. Erst war es mir gar nicht aufgefallen, es passierte zunächst ohne bewusstes Hinzutun, aber dann merkte ich es. Ich merkte plötzlich, dass ich glücklich war.

Zuhause in Deutschland

NACH EINEM ZWÖLFSTÜNDIGEN NACHTFLUG war ich morgens sicher in Frankfurt gelandet. Meine Anschlussmaschine nach Düsseldorf sollte zwei Stunden später gehen, und weil ich auf meiner Rückreise von Argentinien immer nur mit Handgepäck fliege, blieb genügend Zeit, einen Kaffee zu trinken. Ich fand einen ruhigen Platz am Fenster, schaute auf eine der vielen Start- und Landebahnen und zählte über meinem Kopf mindestens dreizehn Kondensstreifen.

Diese Form des Lebens war hier dichter als in Bariloche. Dort hatte ich in den ganzen sechs Monaten keinen einzigen weißen Streifen am Himmel gesehen.

Es fühlte sich gut an, wieder in Deutschland und bald auch bei meiner Familie zu sein. Martín würde mich am Flughafen in Düsseldorf abholen, wir würden *Milanesas*, panierte und frittierte Rindfleischfilets, essen, die Matthias und

Tomás machen würden, und ich hatte *Alfajores*, Schokoladenbiskuits gefüllt mit Dulce de Leche, für den Nachtisch im Gepäck.

Weil ich nicht genügend Münzen in meinem Geldbeutel fand, schenkte mir die Verkäuferin zu meiner Überraschung ein Croissant. Für mich bedeutete es ein leises »Herzlich Willkommen«, und ich freute mich sehr. Der Kaffee schmeckte, und ich fing an zu überlegen.

War dies mein Land oder hatte sich in den letzten Monaten im Norden von Patagonien ein Raum für mich aufgetan, in dem ich mich ebenfalls bewegte, zu dem ich ebenfalls gehörte, mit einem Haus, einem Garten, neuen Freunden und neuen Erlebnissen? Kann ich zwei Zuhause haben, zweimal in einer Heimat sein, eine mit und eine ohne meine Kinder? Geht das? Kann ich in zwei Kulturen leben, oder muss ich mich halbieren? Kann ich das Jahr teilen, wie einen Erdbeerkuchen, in zwei Hälften? Sechs Monate hier und sechs Monate dort?

Hatte ich mich entwurzelt? Kann ein Mensch ohne Wurzeln leben? Oder kann er genau wie ein Zugvogel seinen Aufenthaltsort an die Jahreszeit anpassen? Warum bleiben manche Vogelarten an einem Ort und andere ziehen fort? Wo ist die Amsel im Winter? Und in welchem Winter? Und für welchen Raum schlägt ihr Herz stärker? Wo ist die Heimat der Stare und Störche? Wer sagt den Zugvögeln, dass sie Fettreserven anlegen sollen, weil der lange Flug bald bevorsteht? Und warum nehmen sie diese Anstrengungen auf sich? Warum bleiben sie nicht im Süden, wo sie doch dort alles vorfinden, was sie brauchen? Es ist bewiesen, dass sich Vögel an der Sonne und dem magnetischen Feld der Erde orientieren können. So finden sie ihren Weg, so finden sie ihr Nest.

Nehme ich die Welt anders wahr, wenn ich meinen Aufenthaltsort auf der nördlichen gegen den auf der südlichen Erdhalbkugel eintausche? Nehme ich mich im Süden anders wahr als im Norden? Spürt mein Körper das Magnetfeld der Erde? Fühlen sich die Jahreszeiten in Bariloche anders an? Und wo ist mein Nest?

Ist Heimat ein Ort oder nur ein Gedanke, eine Konstruktion, eine Geschichte aus der Vergangenheit, die ich mir selbst erzähle? Ein Gefühl, das ich in Fotoalben oder auf alten Disketten festgehalten habe? Und kann ich die Gefühle meiner Vergangenheit bei Bedarf ändern, oder sind sie eingebrannt? Ändert sich mit der äußeren Welt auch mein Innerstes? Ändert sich mein Denken, wenn ich anders spreche? Ändert sich meine Vergangenheit, wenn ich von ihr in einer anderen Sprache, an einem anderen Ort erzähle? Werde ich eine andere Person, wenn ich an einem anderen Ort lebe? Ich glaube, ja, denn es hatte sich manchmal so angefühlt.

Mein Blick glitt über die Rollfelder des Flughafens bis zu den Hügeln des Odenwaldes. Es war spät geworden. Ich nahm meinen Rucksack und mein Handy und suchte das Gate für meinen Abflug nach Düsseldorf.

IN DEN ERSTEN TAGEN ZU HAUSE WAR ICH IRRITIERT. Neben dem Jetlag und der verwirrten Wahrnehmung der realen Tageszeit war es auch ungewöhnlich für mich, aus dem späten Sommer des Südens in den späten Winter des Nordens zu kommen. Es war kalt und ungemütlich. Ich sammelte meine Winterkleidung zusammen und suchte mir aus meinem Schrank den wärmsten und weichsten Pullover, den ich hatte. Mir fiel ein hellblauer Wollpullover auf, und ich fragte mich, ob ich ein neues Kleidungsstück in der Hand hielt. Ein halbes Jahr hatte ausgereicht, um zu vergessen, dass ich mir diesen Pullover kurz vor meiner Abreise gekauft hatte.

Ich wollte mir den weichen Pullover gerade über den Kopf ziehen, als mir plötzlich Matthias' Lederhelm aus dem Schrank entgegenkam, der Helm, den er unmittelbar nach seiner Zeit im Koma hatte tragen müssen, weil ihm der größte Teil seiner Schädeldecke gefehlt hatte. Er war maßgeschneidert, die Herstellung hatte sicherlich sehr viel Geld gekostet, und ich hatte mich vielleicht auch deswegen nicht getraut, ihn abzugeben, wegzuwerfen, zurückzubringen oder in eine Kiste zu verpacken, um ihn auf diese Art nie wieder sehen zu müssen. Die Ärzte hatten Matthias zunächst in zwei verschiedenen Operationen jeweils einen Teil seines Schädels wieder eingesetzt. Doch nach einem halben Jahr hatte sich herausgestellt, dass der Körper den eigenen Knochen nicht erkannt und abgestoßen hatte. Es folgten zwei weitere Operationen, in denen ihm jeweils ein künstliches Teil eingesetzt wurde.

DU GINGST JEDE EINZELNE OPERATION mit der gleichen Entschlusskraft deiner ersten Schritte nach dem Koma an. Dafür bewunderte ich dich sehr.

Den Helm hatte ich irgendwann einfach zwischen meine Kleider gelegt und vergessen, bis er mir in jenem Moment beim Öffnen des Schrankes entgegenfiel. Ich bückte mich, um ihn aufzuheben, während ich gleichzeitig einen stechenden Schmerz in meiner Brust spürte. Ich musste mich sofort setzen und fing an zu weinen. Aber warum weinte ich? Du hattest doch überlebt, du studiertest, und es ging dir gut, und ich saß nun in meinem Schlafzimmer und ließ zu, dass die

Erinnerung mich einholte und mir ein Loch ins Herz bohrte. Meine Wahrnehmung, die mich so viel hat sehen und erkennen lassen, jetzt kam ich nicht mehr mit ihr klar. Die Erinnerung an die letzten Jahre machten mich in diesem Moment schwach, nicht stark. Und ich spürte, dass noch nicht genug Vergangenheit gegangen war.

*

ES WAR ENDE JUNI UND SEHR HEISS. In den Zeitungen stand, dass in diesen Tagen die Temperatur Rekordmarken brechen und die vierzig Grad in vielen Teilen Deutschlands überschritten würde. Das sind die Menschen in diesem Land nicht gewohnt und werden deshalb gewarnt, sich angemessen zu verhalten, genug zu trinken, eine Kopfbedeckung zu tragen und in der Mittagshitze das Haus nicht zu verlassen.

Ich wollte mein tägliches Fitnessprogramm nicht unterbrechen, also lief ich schon sehr früh morgens los. Ich joggte in jenen Tagen zuerst zwanzig Minuten, dann ruderte ich eine Weile, und im Anschluss machte ich noch eine halbe Stunde Yoga auf unserer Terrasse im Garten, im Schatten.

Wir leben am Waldrand. Ein Teil unseres Gartens gehört zu einem Naturschutzgebiet, und zu meiner Freude gibt es um uns herum immer mehr auf Koppeln weidende Pferde, die richtiges Heu zum Fressen brauchen, Heu von Blumenwiesen, Gras, das nach dem Mähen ein paar Tage in der Sonne liegt und angenehm duftet. Und diese Wiesen umgeben mich, wenn ich das Haus verlasse. Es ist der Duft dieser ätherischen Öle, der mich an meine Kindheit in Nordhessen erinnert, wenn auf dem Bauernhof meiner Großeltern das Heu gemacht wurde. Das Schönste war immer die Heimfahrt auf dem Leiterwagen. Wir durften ganz oben sitzen. Es schaukelte stark, sodass wir unsere Hände in die Heuballen krallen mussten, um nicht hinunterzufallen.

Diese Bilder tauchten wieder in mir auf, ja sogar der Geschmack nach selbst gemachter Holunderblütenbrause. Denn das erwartete uns immer, wenn wir in die angenehm kühle Küche meiner Großmutter eintraten.

MIT DIESEN ERINNERUNGEN IM KOPF JOGGTE ICH an der frisch gemähten Wiese entlang und fand eine meiner Lieblingsblumen, die am Rande stehen geblieben war, ein Heilkraut, das mich auf nahezu all meinen sommerlichen Wanderungen begleitet hatte, egal wo ich gewesen war. Diese Pflanze war im Laufe der Jahre zu einer Freundin geworden.

Es ist die Schafgarbe, die gerade blühte und der ich zuvor an der Kanalküste, in den Pyrenäen, in den Alpen und in den Anden begegnet bin. Sie ist eine Weltenwanderin, eine Kosmopolitin, die sogar bis auf 3.000 Meter Höhe klettert und ihren Lebensraum über weite Teile der Erde verbreitet hat. Diese Pflanze wächst auf Wiesen, Weiden, Ackerrändern und Brachflächen, am liebsten in praller Sonne. Nur wenn der Mensch versucht, die wilde Schafgarbe im Garten anzupflanzen, dann klappt das nur selten. Ich habe es öfter versucht, auch in Bariloche, ohne Erfolg.

Aber umso mehr freue ich mich, wenn ich auf meinen Touren oder Spaziergängen der Schafgarbe begegne, denn ich habe ihr einiges zu verdanken.

NACHDEM MATTHIAS AUS DEM KOMA AUFGEWACHT WAR und sich erholt hatte, mussten seine beiden Schädeldecken, wie gesagt, wieder eingesetzt werden. Das Einsetzen auf einer Seite bedeutete jeweils eine fünfstündige Operation. Für die Ärzte war das Routine, die einzige Sorge, die sie nach den Operationen hatten, war die Wundheilung. Man schnitt immer wieder die gleichen Narben auf, an einer Stelle, an der die Kopfhaut unter Spannung steht und sehr dünn ist. Erfahrungsgemäß heilt es manchmal nicht so, wie es sich die Ärzte vorstellen.

Also besorgte ich Schafgarbentee. Und Matthias trank ihn immer schon einige Tage vor seinen OPs. Er schmeckt bitter, aber nicht schlecht. Und lässt man ihn stehen, färbt er sich von einem sanften Grün zu einem leuchtenden Blau.

GARBE IST ALTHOCHDEUTSCH UND HEISST »GESUNDMACHER«. Und weil die Pflanze blutstillend ist und Wunden heilt, auch tiefe und innere Wunden, findet man in der Literatur die Bezeichnungen »Zimmermannskraut«, »Soldatenkraut« oder schlicht »Wundkraut«. Der lateinische Name *Achillea millefolium* weist darauf hin, dass schon Achilles seine Ferse mit diesem Kraut geheilt hat. So ist es überliefert.

Manchmal finde ich unter den leuchtend weißen Blüten der Schafgarbe auch rosa gefärbte. Und oft bücke ich mich auf meinen Touren und pflücke mir ein paar grüne Blätter, um ihren leicht bitteren Geschmack im Mund zergehen zu lassen. Ihre Heilkraft ist stark, sodass sich der Chirurg beschwerte, als er die Fäden auf Matthias' Kopf ziehen musste. Er meinte, Matthias sei viel zu spät gekommen, die Fäden seien schon verwachsen. Was er nicht wusste, war, dass es die Wirkung der

Schafgarbe war, die die Wunden einfach nur schneller und besser heilen ließ. Und als mir eine Freundin erzählte, dass die Schafgarbe sogar vermag, seelische Wunden zu heilen, trank ich den Tee dann selbst lange zum Frühstück.

*

MIR WAR IN SEKUNDENSCHNELLE sehr schlecht geworden, ich hatte Kopfschmerzen und konnte auf der rechten Seite nichts mehr sehen. Das Ganze fühlte sich bedrohlich an, und weil Martín das spürte, brachte er mich in ein Krankenhaus. In Windeseile wurde aus mir ein Notfall, und ich fand mich auf einer Intensivstation wieder. Das gleiche Piepsen der Apparate, das ich schon von Matthias kannte, die routinierten Bewegungen der Pfleger und Schwestern und die immer offen stehende Tür zum Gang.

Ich kannte all das, nur aus einer anderen Perspektive. Man beobachtete mich ständig, und Martín durfte nur zu den offiziellen Besuchszeiten kommen. Ein Blutverdünner lief durch meine Venen. Er sollte die Durchblutung im Gehirn wiederherstellen und weitere Sehausfälle verhindern. Man sagte mir, dass wohl Martín mir das Leben gerettet habe. Ich hatte keine Schmerzen und wollte eigentlich nur nach Hause. Doch für die Ärzte blieb ich ein Notfall. In ihren Augen war es knapp gewesen, so sagten sie. Ich hatte diesmal keine Angst um einen anderen, es ging plötzlich um mich selbst. Ich hatte Angst um mich. Hatte sich dieser Schlag angekündigt? Hatte es dafür ein Zeichen gegeben, oder war das Nicht-wissen-Sollen ein Teil davon? Ich weiß es nicht.

Sieben Tage und Nächte blieb ich im Krankenhaus. Meine erste Frage, die ich stellte, als man mich in ein Bett legte, war nach meiner geplanten Tour in den Alpen. Ich wollte eigentlich wandern gehen.

»Vergiss es«, war die Antwort einer jungen Ärztin, die nicht einmal merkte, dass sie mich duzte.

»Gesunde Patienten gibt es nicht«, sagte sie mir später bei einer anderen Gelegenheit.

Ich versuchte, unsere Gespräche auf ein Minimum zu reduzieren, und fragte nur noch nach den Ergebnissen von Untersuchungen. Es war schnell für alle klar, dass ich einen Schlaganfall hatte, nur für mich nicht. Ich brauchte ein paar Tage, um das zu verstehen, und noch länger, um es anzunehmen.

Die Durchblutungsstörung hat einen größeren blinden Fleck in meinem rechten Gesichtsfeld hinterlassen. Damit wurde mir dann auch die Fahruntauglichkeit verordnet. Für ein Auto, nicht für das Fahrrad und auch nicht als Fußgängerin. Gehen konnte ich und durfte ich. Ich ging und ging und ging und entging mir selbst. Ich ging am liebsten am Abgrund. Und er musste auf der rechten Seite sein.

MARTÍN UND ICH SIND NACH MEINER ENTLASSUNG aus dem Krankenhaus nach Wissant gefahren. Dieser kleine Ort liegt südlich von Calais, an der Côte d'Opale, einer zwölf Kilometer langen Bucht zwischen Cap Gris-Nez und Cap Blanc-Nez. Bei schönem Wetter erkennt man am Horizont die englische Küste.

Noch vor zehntausend Jahren war der Ärmelkanal ein Fluss mit Rhein und Themse als Nebenflüssen gewesen. Doch der Meeresspiegel stieg ständig, und aus den Ufern wurden Küsten, Steilküsten. Bis heute nimmt sich das Wasser immer mehr Land, die Dünenlandschaft verschwindet, der Sand wird weggespült, und die Bewohner versuchen ihre Häuser zu retten. Sie türmen riesige Felsbrocken zu Dämmen und holen Sand von woanders her. So entstand eine neue Strandpromenade in Wissant für Fußgänger und Radfahrer, die alle genießen. Aber schon jetzt weiß man, dass auch dieser Schutzwall vom Meer unterspült wird, dass sich unterhalb der Befestigungsanlage Hohlräume bilden, die bald so groß sein werden, dass die Promenade einkrachen wird. Nur den genauen Zeitpunkt, den kann man nicht vorhersagen.

Der Bauernhof meiner französischen Freundin Marie Laure liegt zum Glück ein kleines Stück hinter den Dünen und wird wahrscheinlich verschont. Wir mieteten einen Teil ihres Hauses mit einem großen Garten und jungen Apfelbäumen. Martín ging wie immer windsurfen und ich wandern.

Ich merkte schon am ersten Tag, dass der Wind, die Luft und vor allen Dingen das Sonnenlicht mir besonders guttaten und meine Augen sich erholten. Nur wusste ich aber auch, dass es nicht die Augen waren, die Schaden genommen hatten, sondern die Zellen der linken Gehirnhälfte. Ich hatte den großen weißen Fleck auf dem Bild des MRTs noch gut in Erinnerung und gelesen, dass es die Astrozyten im Gehirn sind, die nicht mehr funktionsfähige Zellen reparieren können.

ICH WAR AN DER GROSSEN HEILERIN, der Schafgarbe, vorbeigekommen, hatte wilden Rucola blühen sehen und mich über ein riesiges blau leuchtendes Leinenblütenfeld gefreut.

Da tauchte auf der linken Seite in einem Kornfeld eine dunkelgelbe Blume auf. Ich erkannte sie gleich. Es war die Ackergoldblume oder Saatwucherblume, eine Chrysanthemenart aus dem Mittelmeerraum, die sich über die Jahrhunderte immer weiter nach Norden ausgebreitet hatte. Als gebietsfremde Pflanze hatte sie im 17. und 18. Jahrhundert ganze Korn- und Kartoffelernten zerstört und damit riesige Hungersnöte ausgelöst. Gehasst von den Bauern, hatte man versucht, sie auszurotten. Dem Bauern, der sie nicht aus seinen Feldern verbannte, wurden sogar Geldstrafen verhängt. Doch ohne Erfolg. Die Pflanze verbreitete sich weiter und überwucherte ganze Landstriche.

Erst als sich die Bedingungen für ihre Ausbreitung änderten und sie nicht mehr so massiv auftauchte, wurde aus der »bösen Wucherblume« die schöne Goldblume. Nun schmückt sie sogar Gärten, und als Wildblume steht sie auf der roten Liste der bedrohten Arten.[13]

Wenn so eine kleine Blume die Lebensgrundlage vieler Menschen zerstören kann, ist das dann eine Naturkatastrophe?

Ich dachte gerade darüber nach, als ich zwanzig Meter unterhalb der Steilküste drei Seelöwen entdeckte, die in den Wellen spielten.

Ohne es zu bemerken war ich nahe an den Abgrund zu meiner Rechten getreten, um noch genauer hinzuschauen. Es ging steil bergab, in die Tiefe. Die Seelöwen bemerkten mich und schauten hin und wieder zu mir auf. Das freute mich, und plötzlich tat sich genau in meinem blinden Fleck ein Bild vom Meer, dem Horizont und einem riesigen, aber weit entfernten Containerschiff auf. Ich konnte da sehen, wo vorher nichts war. Schlagartig wurde mir klar, wie nahe ich am Abgrund stand, aber es erschreckte mich nicht. Der Blick auf das Meer und das Erkennen des Schiffes durch meinen blinden Fleck hindurch freuten mich sehr, und ich spürte, was da aus meinem tiefsten Unbewussten kam, um mir diese Notlage zu signalisieren. Etwas hatte meine Sehzellen blitzartig aktiviert und mir geholfen, die gefährliche Situation wahrzunehmen.

Für einen Moment sah ich durch den Fleck hindurch und konnte etwas erkennen. Ich trat unweigerlich einen Schritt zurück und atmete tief durch. Meine Gegenwärtigkeit am Abgrund hatte mir für einen kurzen Moment einen perfekten Rundumblick ermöglicht, und mir erschien es später so, als wäre der blinde Fleck auf meiner rechten Seite ein wenig kleiner geworden. Die Gefahr hatte mein Unbewusstes aktiviert und meine Sehzellen zum Leuchten gebracht, viel schneller als der Verstand, das Bewusstsein oder ein spezielles Training es schaffen können.

Ich ging den Küstenweg weiter, und mir wurde klar, dass für den, der weiterleben will, der Abgrund nicht gefährlich ist.

DER SCHLAGANFALL HATTE EINEN BLINDEN FLECK VERURSACHT. Genauer gesagt gab es in meinem rechten Blickwinkel eine Zone, in der es heftig flimmerte. Kam die äußere Welt zur Ruhe, hörte auch das Flimmern langsam auf, und ich konnte hell und dunkel und sogar einige Farben erkennen.

Am schönsten war es, wenn das Licht der Sonne genau in diesem Winkel in meine Augen schien. Licht lebt und wärmt und ließ ganz allmählich meine Zellen wieder leuchten.

Licht half mir, mich von dem Schock zu erholen, und vertrieb auch die finsteren Gedanken, die versuchten, mich einzuholen. Zum Glück war Sommer. Ich schaute stundenlang in das Grün meines Gartens oder in das Blau des Himmels und atmete, immer länger aus als ein, mehr brauchte es nicht. Es heilte, das spürte ich.

Aber würde es reichen, die Fahrtauglichkeit wiederzuerlangen? Und wieder fiel mir PETER ROSES Satz ein: »Aber das ist ein wesentlicher Teil davon: nicht zu wissen.«

ICH HATTE MIR AUF EINE FREIE WEISSE WAND in meinem Zimmer ein violettes Kreuz geklebt. Das war mein Fixpunkt. Um dieses kleine Zentrum herum warf ich mit einem Laserpointer rote Punkte an die Wand.

Ich musste das violette Kreuz mit den Augen fixieren und gleichzeitig versuchen, die roten Punkte zu sehen. Auf der linken Seite war das kein Problem. Nur rechts gab es Bereiche, in denen die roten Punkte plötzlich ganz schwach und dann unsichtbar wurden. Sie waren einfach weg, verschwunden, hatten sich aufgelöst, wie hinter ein Blatt Papier gerutscht.

Nur wenn ich meine Augen in diese Richtung bewegte, waren sie zum Glück wieder da.

Sollte das so bleiben, oder war ich in der Lage, mit diesem Training meine Sehfähigkeit wiederherzustellen? Können geschädigte Gehirnzellen wieder heilen? Wie war das bei Matthias gewesen? Wie passiert Heilung?

Schneidet man sich in den Finger und hat eine kleine Wunde, klebt man ein Pflaster drauf und denkt nicht eine Sekunde daran, ob es wieder heilen wird. Es heilt von selbst. Warum nicht auch in diesem Fall? Wird diese Sehstörung auch von ganz allein heilen?

ICH ÜBTE SO VIEL UND SO LANGE, dass die Augen anfingen zu schmerzen. Ich wollte einfach so schnell wie möglich wieder sehen, zumindest den Heilungsvorgang beschleunigen und unbedingt eine Verbesserung spüren.

»Gras wächst nicht schneller, wenn man daran zieht«, sagte mir eine Freundin, die den Druck gespürt hatte, den ich in mir selbst aufbaute.

Mit der brennenden Frage, ob ich meine Sehfähigkeit komplett wiedererlangen würde, wurde ich auf meine eigene große Angst um mich selbst gestoßen. Früher hatte ich immer nur Angst um andere, jetzt ging es plötzlich um mich. Diese Angst nahm mir den Boden unter den Füßen. Sie signalisierte mir, ständig in Gefahr zu sein. Oder gaukelte sie mir diese Gefahr nur vor?

Ich wurde immer unsicherer und schottete mich von mir selbst und allen anderen ab. Ein Schlaganfall hinterlässt das Gefühl der ständigen Bedrohung eines »Es könnte jederzeit wieder passieren«. Unvorhergesehen. Ohne Ankündigung.

Ich war meiner ruhigen Gewissheit beraubt, meiner selbst beraubt. Ich war meines mir so vertrauten »Ich bin« beraubt. Der Gewissheit, dass alles so ist, wie es ist, und dass es gut ist, wie es ist. Es war verloren.

UND ICH WUSSTE ES NICHT UND KANNTE DEN WEG nicht mehr. Ich konnte nicht einfach stillstehen oder ruhig sitzen. Ich blieb im Tun und in der Bewegung, und der Fleck auf meiner rechten Seite flimmerte unaufhörlich weiter. Und ich fragte mich, wo es eigentlich flimmerte, im Innen oder im Außen. Ich wusste es nicht.

Und da war es wieder: das Wesen des Nichtwissens. Aber diesmal folgte ihm nicht das so wohltuende Wesen des Nichtdenkens. Diesmal verzweifelte ich am Nichtwissen. Ich war hilflos und fühlte mich in meinem blinden Fleck gefangen.

ES WAR EIN SEHR HEISSER SOMMER im Jahr 2018. Alle sprachen von einer lang anhaltenden Dürre in Europa, von einer Naturkatastrophe, die große Teile der Ernte zerstörte.

Öffentliche Rasenflächen waren von der Sonne verbrannt, Bäume ließen ihre Blätter hängen, und Blumen wuchsen nur dort, wo sie gewässert wurden.

Ich durfte nicht Auto fahren, also nahm ich den Bus und den Zug. Das war kompliziert, denn ich wohne auf dem Land, drei Kilometer von der nächsten Haltestelle entfernt, wo hin und wieder ein Bus hält, der mich ins nächste Dorf bringt. Von dort kann ich dann einen Zug nehmen, muss aber noch einmal umsteigen, um an meinem Ziel anzukommen.

Ich musste mich also in jenen Tagen früh und zu Fuß auf den Weg machen, um nicht genau zur Mittagshitze in der Stadt anzukommen. Ich ging und ich wanderte, zum Arzt, zu einer Freundin, in den Supermarkt oder einfach nur, um in einem Café zu sitzen und zu arbeiten. Ich hatte Zeit, und mit dem Gehen wurde daraus sogar noch mehr Zeit.

Obwohl ich einen blinden Fleck hatte, sah ich beim Gehen mehr als sonst. Und manchmal ging ich absichtlich noch langsamer als nötig. Und mir ging ein Lied, ein Fingerspiel aus meiner frühen Kindheit durch den Kopf: »Ringlein, Ringlein, du musst wandern, von dem einen Ort zum andern. Bist nicht hier, bist nicht da, bist wohl in Amerika.«

In meinen dünnen Sommerschuhen spürte ich den Untergrund, jedes Steinchen und jede Erhebung. Auf Asphalt bekam ich schnell heiße Fußsohlen. Auf Kopfsteinpflaster zu gehen war besonders anstrengend. Ich ging und ging, ohne Ziel und mit Ziel, und manchmal suchte ich einfach nur einen Grund, um zu gehen.

Nur um in Bewegung zu bleiben.

Um gerade nicht nachdenken zu müssen.

Und ich ging, bis ich meine eigene Erschöpfung spürte, bis ich Blasen hatte und meine Füße schmerzten. Dann sehnte ich mich nach dem weichen Waldboden in den Bergen von Bariloche. Ich sehnte mich nach dem staubigen Ascheboden in der Umgebung von Villa La Angostura. Ich sehnte mich danach, mit meinen Füßen durch den eiskalten Río Chubut zu waten oder mit Valeria über die Felsen des Cerro Catedral zu kraxeln, um später in den Lagunen oberhalb des Refugio Frey zu schwimmen (Abb. 10). Und ich sehnte mich nach Stille, nach der Stille, die beim Gehen ganz von allein kommt.

IN DEUTSCHLAND REDETEN IN DIESEN MONATEN ALLE von der Hitze, vom Klimawandel, der extremen Trockenheit, den wasserlosen Flüssen und den Missernten. Sie suchten Schuldige und Erklärungen. Die Landwirte forderten staatliche Unterstützung für ihren Ernteausfall, und auf den Autobahnen hob sich der Asphalt und verursachte Unfälle.

Eine Hitzeperiode ist in erster Linie ein Naturereignis, erst durch den Menschen, oder besser gesagt, erst durch den durch das Ereignis geschädigten Menschen oder die geschädigte Natur wird ein Naturereignis zu einer Naturkatastrophe. Und wenn wir Menschen dieses Ereignis verursacht haben, dann ist es eine menschengemachte Naturkatastrophe.

Ein Vulkanausbruch ist ein spektakuläres, atemberaubendes Naturereignis, seine immense Schönheit wird aus ausreichender Entfernung bewundert – solange niemand zu Schaden kommt. Wird aus dem Geschehenen etwas Schlimmes, zerstören Lavaströme und Geröllbäche ganze Dörfer und kommen Menschen um, nehmen wir das Naturereignis als eine Katastrophe wahr, als eine Wendung zu einem Unglück.

Auch wenn wir nur davon hören oder Bilder sehen, löst die Berichterstattung einer Naturkatastrophe in uns Angst und Beklemmung aus.

ICH WAR NACH MATTHIAS' UNFALL SO STARK SENSIBILISIERT, dass ich nicht einmal mehr Bilder oder Berichte einer Katastrophe brauchte, um extreme Angst zu spüren. Das Wort »Katastrophe« allein zu hören oder zu lesen, genauer gesagt, seine Schwingung und Energie zu fühlen, reichten aus, um in meinem Körper erst ein Beben und dann einen Tsunami auszulösen. Beides versetzte mich manchmal in Panik.

In den Tagen und Wochen an der Seite von Matthias auf der Intensivstation spürte ich immer mehr Geist als Materie im Raum.

Und ich spürte genau, dass Matthias sich bis in tiefste Bewusstseinsebenen zurückgenommen hatte, sich in Zonen bewegte, in denen er eine sehr aktive und extreme Art eines Lebens am Rande des Todes führte.

Ich wusste nicht warum.

»Wo bist du?«

»Denkst du und fühlst du?«
»Was nimmst du wahr?«
»Wie muss es hier sein, damit du aus deinem Anderswo zurückkommen möchtest?«

MEIN EIGENER SEINSZUSTAND BESTIMMTE MICH MEHR als mein Körper, der schmerzte, weil ich ihn abends manchmal für ein paar Stunden auf eine Isomatte in einem Angehörigenzimmer ablegen musste. Oft schlief ich dort auf einem harten Kunststoffboden ein paar Stunden. Meine Unterlage und mein Schlafsack rochen noch nach der Erde von meinen Touren in den Anden, und ich musste manchmal an die Nächte denken, in denen ich draußen geschlafen hatte, allein mit mir und ohne Angst unter einem Sternenhimmel, der, so fühlte es sich immer an, mich beschützte. Doch nun summte neben mir ein Wasserspender, von dem ich manchmal das Kabel aus der Steckdose zog, weil ich das brummende Geräusch nicht ertragen konnte. Ich brauchte in der kurzen Zeit, in der ich allein war, Stille, komplette Stille. Nichts sollte dazu beitragen, irgendetwas denken zu müssen. Nur so konnten sich meine extrem angespannten Nerven erholen.

Was ich dann manchmal spürte und worin ich mich bewegte, war pure Energie. Energie, die Heilung zuließ, so nahm ich es wahr.

DREI JAHRE SPÄTER, ALS ES MATTHIAS WIEDER sehr gut ging und er in Münster studierte, fragte ich ihn, was er selbst getan hatte für seine Heilung. »Ich bin ein Jahr lang jeden Tag in ein Café gegangen, habe einfach nur dagesessen, ein Stück

Kuchen gegessen und um mich geschaut. Nur das. Das hat mir gutgetan«, war seine Antwort. Manchmal geschieht es einfach ohne unser Zutun, und in unserem Innersten wissen wir zum Glück genau, was es braucht.

Ich kehre zurück

SEIT DREI WOCHEN BIN ICH WIEDER IN BARILOCHE. Diesmal für ein halbes Jahr. Und zum ersten Mal erlebe ich hier den patagonischen Winter. Es kann hier sehr kalt sein, und wenn es windig ist, noch kälter. Zum Glück ist es in den Häusern warm, die Heizungen funktionieren gut, während es draußen oft regnet oder schneit.

Scheint die Sonne, habe ich vom Wohnzimmer aus einen freien Blick auf den Cerro Catedral und kann sogar einen Sessellift erkennen.

SCHON IN DER ERSTEN WOCHE NACH MEINER ANKUNFT war ich ein paar Mal Skilaufen. Es ist ein Sport in der Natur, aber ganz anders als das Wandern. Es ist schneller, rauschhafter, und die Gefahr zu stürzen ist größer.

Und mit der Geschwindigkeit steigt die Konzentration auf den Körper. Jeder Teil, jeder Muskel und jede Zelle brauchen meine volle Anwesenheit und damit meine fokussierte Geisteskraft. Abschweifen und Sichgehenlassen wie beim Wandern gibt es nicht. Ich war aufgeregt, denn es waren über zwanzig Jahre vergangen seit meinem letzten Skiurlaub in den Alpen. Ich ließ mich auf das Abenteuer ein, ohne zu wissen, ob ich es schaffen würde. Martíns Freund zeigte uns am ersten Tag die Hänge, wir hatten wunderbare Ausblicke auf Bergketten und Vulkane, die ich nur von den Wanderungen im Sommer kannte.

Ich genoss jede Abfahrt und fuhr, als sei ich schon immer Ski gelaufen. Jede noch so kleine Bewegung folgte einem alten Muster, es lief einfach, und ich freute mich riesig.

DOCH MANCHMAL WURDEN DIE PISTEN STEILER, ich zögerte, und Angst machte sich bemerkbar. Sie lauerte am Rande der Piste und wartete nur auf den Moment meiner Schwäche, um aufzuspringen, mich zu besetzen und mit mir hinabzurasen, denn sie brauchte einen Körper und einen Geist, um sich selbst nähren und spüren zu können.

Doch mir tut Angst nicht gut, ich hatte in den letzten Jahren zu viel davon erlebt, und die einzige Möglichkeit, sie nicht in mein System zu lassen und zu verhindern, dass sie aufspringt, ist, voll und ganz in meinem eigenen Körper anwesend zu sein. So wollte ich das, hatte aber nur eine Ahnung davon, wie das gehen sollte: mich nur auf den Augenblick zu konzentrieren, jeden Muskel zu spüren und mehr Energie als Materie zu sein. Nur so hatte die Angst keinen Platz in mir, keine Chance, sich breitzumachen. Ich probierte es aus, und nach ein paar guten Schwüngen verwandelte sich die Präsenz in mir in ein inneres rhythmisches Glücksgefühl. Die Angst blieb am Steilhang kleben, und ich fuhr mit einem Gefühl von Freiheit an ihr vorbei. Kurz wunderte ich mich darüber, dass es mir so gut gelang.

Steile Hänge elegant zu meistern bedarf der Konzentration, und lässt sie nach, ist es ratsam, eine Pause einzulegen und sich zu erholen, einfach die Sonne zu genießen und tief durchzuatmen, immer länger aus als ein.

Ich suchte mir einen windgeschützten Platz und schaute auf den Tronador, den schlafenden Vulkan, den ich schon im Sommer zuvor auf einer Tour zur Otto-Meiling-Hütte aus der Nähe gesehen hatte. Mehrere andere Vulkane erkannte ich sofort an ihrer symmetrischen Form, einige davon lagen in Chile, und sogar ganz klein am Horizont erkannte ich den Vulkan Lanín. Es ist der einzige Vulkan, der mir, aus der Nähe betrachtet, großen Respekt einflößt. Er liegt noch auf der argentinischen Seite, und wenn man von San Martín de los Andes nach Pucón fährt, kommt man ganz nahe an ihn heran. Die Mapuche-Indianer sagen, dass er von verlorenen Seelen umkreist wird, und als ich in meinem Wörterbuch nachschaute, was *Lanín* bedeutet, war ich nicht überrascht. Ich hatte es zuvor als Schwingung schon gefühlt. Die Übersetzung des Wortes *Lanín* ist »wir gehen unter«.

Es war ein Tag mit hervorragender Weitsicht. Und das leuchtende Weiß des Schnees mit dem glasklaren Blau des Himmels taten meinen Augen besonders gut. Denn ich hatte immer noch einen kleinen blinden Fleck auf der rechten Seite, der aber immer heller wurde, je stärker das Sonnenlicht in mein Auge trat. Und ich fragte mich, ob dieser Umgang mit der Angst auch im täglichen Leben so gut funktionieren würde. Wenn ich einfach auch im Alltag so präsent sein könnte, so bei mir selbst, dass sie einfach keinen Platz in mir hätte. Das wäre gut. Und ich nahm mir vor, es auszuprobieren.

AN DEN PISTEN GIBT ES HÜTTEN mit kleinen Sonnenterrassen. Die Wirte kochen selbst, und das Essen ist richtig lecker. Als Europäerin falle ich auf, denn wenige verlassen den Sommer der Nordhalbkugel, um im Süden Ski zu laufen. Und neugierig fragen sie mich, woher ich komme.

Diesmal war es der Hüttenwirt selbst, PABLO TAUBENSCHLAG mit Vorfahren aus Süddeutschland, der mich angesprochen hatte.

Die Menschen hier sind offener und neugieriger, und es ist ein bisschen einfacher, ins Gespräch zu kommen. Besonders wenn man einen komischen Akzent hat. In Deutschland bin ich immer sehr ernst, hier aber fühle ich mich leichter und sanfter, und es kann gut sein, dass ich hier zu einem viel freundlicheren Menschen werde.

*

ZUM ENDE DES WINTERS HIN hatte es noch einmal ein paar Tage lang heftig geschneit. Die Berge waren weiß bedeckt, und hier unten am See blühten Narzissen und Tulpen, die der Schnee zudeckte. Doch langsam wurde die Sonne immer stärker und wärmte mich auf meinen Wanderungen ab Mittag.

Unser Haus liegt außerhalb des Zentrums am Kilometer

elf, das heißt, vom Zentrum aus genau elf Kilometer am See entlang und dann links hoch. So beschreibe ich es zumindest, wenn ich gefragt werde. Diese Ortsbezeichnung kenne ich eigentlich nur von hier, finde sie ungewöhnlich, habe mich aber mittlerweile daran gewöhnt. Ich fühle mich sehr wohl dort, und es ist für uns ein zweites Zuhause geworden.

Wenn ich im Garten sitze, bin ich immer in Begleitung von Vögeln. Es gab ein Tero-Pärchen, eine Kiebitz-Art, das seine Eier in den kleinen Ascheberg eines alten Lagerfeuers gelegt hatte und dort ausbrütete. Es dauerte nicht lange, und es liefen vier kleine Küken ums Haus. Mutter und Vater mussten sehr gut aufpassen, denn oft kam ein Chimango, ein kleiner, dem Falken ähnlicher Jagdvogel, der sich dann auch ein Junges holte. Wenn ich aus Versehen etwas zu essen auf der Terrasse ließ, beobachtete er seine Beute eine Weile, wartete einen günstigen Moment ab, startete einen Sturzflug und schwupp, hatte er sich das Essen geholt.

Nachmittags kamen die Bandurrias, Ibisse, die wie Störche durch den Garten stiefelten und mit ihren langen Schnäbeln die Regenwürmer aus dem Boden pickten. Sie schrien laut, aber es störte mich nie.

AN EINEM SPÄTEN SONNIGEN WINTERTAG hatte ich die Gelegenheit, das Nachbargrundstück mit einem alten leer stehenden Blockhaus zu betreten. Ich wusste, dass es einer Witwe gehört hatte, die als junge Frau in den Dreißigerjahren aus Deutschland über Italien nach Argentinien geflohen war.

Warum sie sich gerade in Bariloche niedergelassen hatte, war mir unbekannt. Hier gründete sie ein Sprachen-Institut für Englisch und war besonders bei jungen Menschen wegen ihres offenen Hauses und Herzens beliebt. So hat es mir eine Freundin erzählt.

Zwischen unserem und ihrem Grundstück gibt es einen zwei bis drei Meter hohen alten Holzzaun, aus dem an vielen Stellen der schnell wachsende Ginster herausragt. Der Wind, die Kälte und die Sonne haben das Holz über die Jahre leuchtend grau, fast silbern werden lassen, und insgeheim hoffe ich, dass nie jemand auf die Idee kommt, diesen alten Zaun abzureißen. Oft saß ich in meinem Gartenstuhl und schaute mir die Musterungen, Faserungen und Astlöcher an. Es beruhigte mich. In diesem Zaun gab es ein Tor. Einmal stand es offen, und ich konnte dort hindurch und kam auf der anderen Seite in einen verwilderten Garten. Mir fielen zuerst drei alte Stachelbeersträucher auf, ein Apfelbäumchen, das gerade zu blühen begann, und ein paar Tulpen, die sich noch nicht geöffnet hatten.

Aber plötzlich sah ich unter alten Fichten junge, frische grüne Blätter aus dem Nadelboden hervorsprießen. Ich erkannte die Pflänzchen sofort, es waren die Blätter des Maiglöckchens, eine richtige kleine Wiese voller Maiglöckchen, die gerade ihre kleinen, zarten Blüten öffneten.

Es berührte mich sehr, und plötzlich fühlte ich, wie viel es der Besitzerin bedeutet haben musste, diese Blumen hier in ihrem Garten zu haben. Mit ihrem Duft hatte sie wohl jedes Frühjahr Erinnerungen aus einer anderen Welt eingeatmet. Überlebt zu haben mit der Gewissheit, dass diese Maiglöckchen immer wieder blühen würden, hatte ihr hier in der neuen Welt Sicherheit gegeben, so stellte ich mir vor. Zu leben und zu erleben, wie genau diese Pflanze an diesem Ort jedes Jahr wiederkam, mag für sie plötzlich Sinn ergeben haben.

Denn nach dem Überleben ist zwar das Weiterleben möglich, aber zum wirklichen Leben braucht es wieder einen Weg, einen neuen Weg. Einen Weg, den man beim Losgehen noch nicht kennt. Einen Weg, der in die Zukunft führt und der einen wieder mit dem, was ist, verbindet. Und wieder fallen mir PETER ROSES Worte ein: »Aber das ist ein wesentlicher Teil davon: nicht zu wissen.«

Sie war damals vor den Nationalsozialisten geflohen, doch wie war das Maiglöckchen hierhergekommen? Ich wusste es nicht. Ich wusste nur, dass die Heimat dieser kleinen lieblichen Blume Europa, der Kaukasus und Westsibirien ist.

VON EINER FREUNDIN AUS DEM ORT erhielt ich eine weitergeleitete Whatsapp: »Hallo Wanderinnen und Wanderer, nach dieser schlechten Wetterperiode möchten wir euch zu einer Tour zum Cerro Mirador am Pass Cardenal Samoré einladen. Wir treffen uns am Sonntag, dem 13. 10., um 7.00 Uhr an der Tankstelle Petrobas del Ñireco. Wie immer reserviert unter folgenden Telefonnummern von Juanjo oder Andi …

Bringt bitte warme Kleidung mit, gutes Schuhwerk, Sonnenbrille, Sonnenschutzmittel, Wasser, Proviant und euren Ausweis, weil wir die Grenze überschreiten.

Die Tour kostet 1.000 Pesos pro Person für den Bergführer, die Ausrüstung und die Versicherung. Bitte teilt euch die Spritkosten für die Autofahrt.«

ICH BRAUCHTE ZUNÄCHST NOCH EIN PAAR INFORMATIONEN, und als ich sah, dass das Wetter richtig gut werden sollte, sagte ich zu. Es war das erste Mal, dass ich in einer Gruppe wandern würde.

Bis auf meine Freundin kannte ich niemanden. Ich packte ein bisschen mehr Proviant ein, damit ich etwas zum Teilen hatte, und nahm natürlich auch die Kamera mit. Um 7.00 Uhr trafen wir uns an der besagten Tankstelle am anderen Ende von Bariloche. Wir stellten uns gegenseitig vor, die meisten waren Einheimische. Es ging pünktlich los, der Vollmond, von dem alle redeten und der besonders stark gewesen sein soll, verschwand gerade hinter dem Bergmassiv. Wir fuhren um den See, der so glatt wie Öl neben uns lag.

Nach zwanzig Kilometern kamen wir an der Stelle vorbei, an der im Winter der Weg von Villa La Angostura nach Bariloche und damit auch der Zubringer zum Flughafen versperrt gewesen war. Eine riesige Geröllllawine hatte sich oberhalb der Straße gelöst und wochenlang den Weg blockiert. Der Wintertourismus des kleinen Städtchens Villa La Angostura hatte große Einbußen erlitten.

Viele Einwohner hatten mit einem Katamaran über den See fahren müssen, um nach Bariloche oder zum Flughafen zu kommen. Mit dem Auto hatte man Umwege von mehr als hundert Kilometern in Kauf nehmen müssen. Die Erde ist so, manchmal rutscht eine Wand einfach ab. Nach eineinhalb Stunden kamen wir an der argentinischen Grenzkontrolle an, stiegen aus, zeigten unsere Pässe, passierten die Zollstelle und konnten zügig weiterfahren. Bis zur chilenischen Kontrollstelle waren es über dreißig Kilometer, unser Tourenstart jedoch lag zwischen beiden Grenzen, in einem Niemandsland, auf der höchsten Stelle der Passstraße.

Wir waren eine Gruppe von vierzehn Personen und kamen gemeinsam mit vier Autos an unserem Ausgangspunkt an. Die Sonne schien oder knallte sogar schon. Wir zogen uns die Schneeschuhe an, und es ging los.

An das Gehen mit den Tellern unter meinen Schuhen gewöhnte ich mich schnell. Es waren am Morgen minus vier Grad Celsius gewesen, sodass die Schneedecke am Vormittag noch eine feste Eisschicht hatte. Schneeschuhe haben zum Glück Haken, die sich ins Eis krallen und beim Gehen Halt geben. Juanjo, unser Bergführer, hatte uns kurz die Tour erklärt. Wir würden drei bis dreieinhalb Stunden für den Hinweg brauchen, und zu unserer Linken Richtung Norden würden wir immer den Vulkan Puyehue sehen.

Es ist kein einzelner Vulkan, sondern er gehört zum Vulkankomplex Puyehue-Cordón Caulle, der aus vielen Kratern, Maaren und Stratovulkanen besteht. Hier war sieben Jahre zuvor eine kilometerlange Eruptionsspalte aufgerissen. Ein Vulkanausbruch mit einer zehn Kilometer hohen Rauchsäule hatte die Umgebung in Angst und Schrecken versetzt.

Viele Menschen hatten mir davon erzählt. Nun lag er friedlich vor mir, der Vulkankomplex. Unter der meterhohen Schneedecke lag seine Asche.

Nur wo der starke patagonische Wind den Schnee verweht hatte, tauchten braun-graue Aschefelder auf. Hier lag nicht so wie in der Steppe Pulverstaub, sondern es waren kleine poröse Steinchen, die damals an dieser Stelle vom Himmel gefallen waren. Wie Teppiche auf dem Schnee sahen sie aus, darüber strahlte der hellblaue Himmel. Die Erde bewegt sich ständig, dachte ich und ging weiter.

In einer Gruppe zu gehen war ich nicht gewohnt. Ich brauchte meine Atmung und meine Konzentration voll und ganz für mich, das Gehen und das Schauen. Und ich war gewohnt zu beobachten, was die Umgebung mit meinem Inneren macht, in welchen Teil meines Inneren mich der äußere Weg führte. Das Reden und Erzählen, Zuhören und Fragenbeantworten lenkte mich ab von meinem gewohnten ruhigen Ein- und Ausatmen. Aber zum Glück war der Anstieg nicht so steil und das Gehen nicht so anstrengend. Ich konnte sprechen und gehen gleichzeitig, selbst erzählen und anderen zuhören, während ich spürte, wie sich das Metall der Haken meiner Schneeschuhe in die dünne Eisschicht über den Schneemassen des letzten Winters krallte. Ich konnte mir kaum vorstellen, dass diese vier bis fünf Meter hohe Schneeschicht in den kommenden Sommermonaten komplett wegschmelzen würde. Mariana, meine Freundin, hatte zu mir gesagt: »*La nieve se deshace rápido.*« (»Der Schnee schmilzt hier schnell.«)

Das kleine spanische Wörtchen *deshacer* war mir schon öfter aufgefallen. Es immer richtig zu übersetzen fiel mir schwer. Der Schnee schmilzt – das meinte sie natürlich, aber *deshacer* bedeutet auch, »etwas rückgängig machen, etwas auflösen«. Mir gefiel die Vorsilbe *des-*, die dem Verb »machen« einfach die Richtung ändert und dem Wort *deshacer* die Bedeutung von »rückgängig machen« gibt. So einfach konnte es sein. Und ich setzte die Vorsilbe *des-* vor das Verb *dramatizar*. Übersetzt ins Deutsche erhalte ich das Verb »entdramatisieren«. Das gefiel mir.

Konnte ich mich selbst entdramatisieren? Konnte ich meine eigene Vergangenheit entdramatisieren?

Und bevor ich noch mehr darüber nachdenken konnte, kam Juanjo, der Bergführer, an meine Seite und wollte wissen, wie es mir geht. »Sehr gut«, sagte ich ihm. Wir waren an einer Erhöhung angekommen, von der aus es ein längeres, steileres Stück bergab ging. Optimal, um auf dem Hintern hinunterzurutschen. Angst hatte ich keine. Ich setzte mich und schubste mich an. Ich hatte vergessen, wie viel Spaß es macht, sich einfach gehen zu lassen.

Nach gut drei Stunden kamen wir an unserem Ziel an. Wir hatten einen wunderbaren Blick auf den Lago Constancia und auf die beiden Vulkane Osorno und Puntiagudo.

Juanjo fand ein windgeschütztes Fleckchen, wir packten unseren Proviant aus und genossen unser Zusammensein. Jemand reichte heißen Ingwertee durch die Runde, einige tranken Mate. Ich hatte einen kleinen Orangenkuchen mitgebracht.

Für den Rückweg wählte unser Bergführer eine leicht abgewandelte Route. Die dünne Eisschicht des Vormittags war in der Nachmittagssonne geschmolzen, der Schnee war fiel weicher, das machte das Gehen etwas schwieriger.

Am späten Nachmittag kamen wir wieder an unserem Ausgangspunkt an. Es blieb sogar noch Zeit, in Villa La Angostura einzukehren und einen guten Kaffee zu trinken.

*

SCHON IM LETZTEN JAHR HATTE ICH ÖFTER meine Freundin Gwen auf der Estancia Fortín Chacabuco, ungefähr dreißig Kilometer außerhalb von Bariloche, besucht (Abb. 13). Die Estancia liegt gegenüber von Bariloche auf der anderen Seite des Sees in der patagonischen Steppe. Von unserem Haus aus fahre ich einmal um den See herum, durch Dina Huapi hindurch, ein kleines Städtchen, das im Namen seine Geschichte trägt. *Dina* kommt von *Dinamarca*, was auf Deutsch »Dänemark« bedeutet, und *huapi* heißt »Insel«. Hier haben sich Anfang des zwanzigsten Jahrhunderts europäische Siedler niedergelassen, in der Mehrzahl Dänen.

Ich überquerte die Stelle, an der der Río Limay aus dem Lago Nahuel Huapi austritt, und passierte die Grenze, markiert durch eine Polizeistation, zwischen der Provinz Río Negro und der Provinz Neuquén. Nach dem Abzweig nach Villa La Angostura und der Ruta de los Siete Lagos muss ich immer sehr aufpassen, um den Eingang der Estancia auf der linken Seite, direkt an der Straße, nicht zu verpassen. Erst langsam lerne ich, mich im Auto genauso wie bei den Wanderungen an Felsformationen, den Hügeln, Bergen und der Vegetation zu orientieren. Denn da, wo mitten in der Steppe hohe Pappeln stehen, befindet oder befand sich in der Regel auch eine kleine Siedlung.

Ich bog links ab und stand vor einem großen Tor, bestehend aus zwei Steinsockeln, einem Schlagbaum auf der Höhe meines Autos und einer zwei bis drei Meter hohen Holzkonstruktion mit der Aufschrift »Estancia Fortín Chacabuco«. Ich wusste bereits, dass der Name auf die Geschichte des Ortes hinweist. Denn hier, an einem Nebenfluss des Río Limay, entstanden ab dem Jahre 1882 unter Führung des argentinischen Generals Villegas verschiedene Forts. Hier hatten die Argentinier gegen die Ureinwohner gekämpft, um die Grenzen ihres Landes zu erweitern.

Ich stieg aus, spürte die Luft, die hier noch trockener und wärmer ist als bei mir zu Hause am See, und während ich den Schlagbaum zur Seite schob, verletzte ich mich an meiner linken Hand leicht an einer trockenen, stacheligen Pflanze, der Neneo, einem für die patagonische Steppe so typischen Gewächs. Ich hätte es wissen müssen, ich kannte diese Pflanze und hatte sogar schon einmal im Internet nach ihrem deutschen oder englischen Namen gesucht. Vergeblich, diese Pflanze gab es nur hier, eine Bezeichnung in einer anderen Sprache war gar nicht nötig. Gwen hatte mir erzählt, dass die Schafe ihre Blüten und Früchte fressen, dass sie sehr mineralreich ist, aber das Fleisch der Tiere bitter schmecken lässt. Deswegen bringt man die Schafe ein paar Wochen vor dem Schlachten auf Weideland, wo diese Pflanze nicht wächst.

Ich leckte kurz das Blut meiner kleinen Wunde ab, fuhr mein Auto durch das offene Tor hindurch und stieg aus, um es hinter mir wieder zu schließen. Denn irgendwo auf dem Gelände rechts oder links meines Weges weideten Rinder und Schafe, die nicht ausbrechen dürfen.

Nach gut einem Kilometer auf einem geradlinigen Feldweg durch ebenes Weideland erreichte ich die ersten Gebäude der Estancia. Ich sah zuerst das auffallend hohe Gebäude, ein riesiger Schuppen aus Holz, schwarz gestrichen mit rotem Dach und weißen Fenster- und Türrahmen. Ein weiß gestrichenes Hirschgeweih hing über dem Haupteingang. Die Architektur erinnert an nordamerikanische Ranchhäuser.

Weiter hinten lag das Wohnhaus, ein einstöckiger Holzbau in den gleichen Farben wie der riesige Schuppen, mit einer Galerie und einem Wintergarten, geschützt von hohen Pappeln. Neben dem Haus stand ein Trampolin, an einen Baum angelehnt mehrere Paar Skier. Gwen, meine Freundin, kam mir schon entgegen. Um ihre Füße tummelten sich vier kleine Lämmchen, die, so vermutete ich, ihre Mama verloren hatten und nun von Gwen gefüttert wurden.

Sie fragte mich gleich, ob ich Lust hätte, mit ihr einen Spaziergang zu machen. Und natürlich sagte ich Ja.

Ich fragte sie nach der Geschichte der Estancia und ganz besonders nach der Geschichte einer Frau, von der ich unbedingt mehr erfahren wollte, von FANNY TAYLOR DE NEWBERY. Wir gingen durch einen Gemüsegarten, der eingezäunt war, um ihn vor den herumlaufenden Hühnern und Lämmern zu schützen. Hinter der Estancia führte der Weg leicht bergauf, und ich erinnerte, dass wir bald einen grandiosen Blick auf die im Westen liegende schneebedeckte Kordillere haben würden. Gwen begann zu erzählen:

»FANNY TAYLOR DE NEWBERY folgte als junge Frau einer Einladung nach Südamerika und kam mit ihrem Onkel, einem protestantischen Pfarrer, im Jahre 1891 nach Buenos Aires.

Sie hatte ihre Heimat, die USA, nicht wie viele Einwanderer in Argentinien aus wirtschaftlicher Not heraus verlassen. FANNY TAYLOR, so war ihr Mädchenname, war eine abenteuerlustige und neugierige Person. Aufgewachsen auf einer Ranch in Ohio hatte sie schon früh vieles gelernt, was sie in ihrem späteren Leben in Patagonien brauchte. Sie konnte reiten, Schafe scheren und Tiere schlachten. Sie wusste, wie man Seife und Kerzen herstellt und einen Haushalt führt.

Mit einer Winchester schoss sie zielsicher, wenn es sein musste. Bis ins hohe Alter. Angst hatte sie keine. Sie hatte eine Vision.

In Buenos Aires nahm man sie in der kleinen nordamerikanischen Gemeinde herzlich auf, und als sie schon in den ersten Tagen nach ihrer Ankunft plötzlich heftige Zahnschmerzen bekam, empfahl man ihr einen amerikanischen Zahnarzt, den Odontologen JORGE NEWBERY. Er behandelte sie, sie verliebten sich, heirateten und starteten eine für ihre Zeit ungewöhnliche Hochzeitsreise.

Jorges Bruder RALPH NEWBERY hatte die beiden überzeugt, eine Reise zum Lago Nahuel Huapi anzutreten, mit der Idee zu erkunden, ob sich das Land dort eignet, um an den Ufern des Sees eine Estancia aufzubauen.

Von Buenos Aires aus durchquerten die NEWBERYS Argentinien zunächst mit der Eisenbahn. Diese Bahnlinie war ein paar Jahre zuvor fertiggestellt worden und verband Buenos Aires mit der im Westen des Landes liegenden Stadt Mendoza. Diese alte Kolonialstadt war dreißig Jahre zuvor von einem heftigen Erdbeben komplett zerstört worden, ein Drittel der Bevölkerung war dabei ums Leben gekommen. Doch gegen Ende des 19. Jahrhunderts florierte Mendoza wieder und wurde zu einem wichtigen Handelszentrum im Norden Argentiniens.

Von dort aus überquerten die NEWBERYS mit Pferden und Maultieren die Anden über den Pass Uspallata in knapp 4.000 Metern Höhe, an seiner höchsten Stelle. In seiner unmittelbaren Nachbarschaft liegt der höchste Berg Argentiniens, der fast 7.000 Meter hohe Anconcagua. Mit dieser Route umgingen sie die noch viel zu gefährliche Durchquerung Patagoniens.

Von Santiago de Chile aus ging es weiter Richtung Süden. Ein araukanischer Ureinwohner begleitete die beiden. Er kannte den Pass, der durch die weiter südlich gelegenen Anden wieder zurück nach Argentinien führt. Zu dritt überquerten sie die Kordillere am Vulkan Puyehue, einer heute viel befahrenen Passstraße, die Villa La Angostura mit der chilenischen Stadt Osorno verbindet.

So erreichten sie wenige Tage später den nördlichsten Teil einer der größten Seen Argentiniens, den Lago Nahuel Huapi. Mithilfe der am Ufer des Sees lebenden Ureinwohner bauten sie ein Kanu und fuhren zum südlichen Teil des Sees.

Als sie das verlassene Fort Chacabuco erreichten, war ihnen klar, dass hier ihre Estancia entstehen sollte. Sie bauten eine Holzhütte, pflanzten Apfelbäume, legten einen Gemüsegarten an und kauften Kühe, Schafe und Pferde. FANNY TAYLOR DE NEWBERY war in Patagonien angekommen. Sie war eine der ersten weißen Frauen in dieser wilden Gegend.«

GWEN SCHAUTE MICH AN. Wir hatten längst den Wirtschaftsweg verlassen und gingen querfeldein durch Weideland, umgeben von hohen Felsformationen. Sie war stehen geblieben, um mir all die vielen Stellen zu zeigen, an denen Wildschweine die Erde aufgewühlt hatten. Das Gras war zerstört, und der Boden würde als Folge austrocken. Für die Schafe und die Kühe der Estancia aber war diese Erde ihre wertvolle Futterfläche.

Die Wildschweine waren mit den Einwanderern gekommen, jetzt aber wollte sie keiner mehr haben, weil sie zu viel Schaden anrichteten.

Gwen schaute auf die Uhr. Sie musste sich beeilen, denn ihre Söhne würden bald zum Mittagessen aus der Schule kommen. Wir holten noch zwei Pferde von einer Koppel, bevor wir wieder heimgingen. Beim Tischdecken erzählte sie weiter: »Während die NEWBERYS sich am Río Limay niederließen, entstand auf der anderen Seite des Sees eine kleine Handelsniederlassung eines aus Chile kommenden Deutschstämmigen, CARLOS WIEDERHOLD. Der Grundstein des Ortes San Carlos de Bariloche wurde mit seinem Laden La Alemana gelegt. In der unmittelbaren Nachbarschaft der NEWBERYS befand sich die einige Jahre zuvor gegründete Estancia des texanischen Cowboys JARRED JONES.

Noch war die Gegend um den See herum dünn besiedelt. Die ein paar Jahre zuvor militärisch geschlagenen Mapuches waren teilweise zurückgekehrt und hatten sich auch wieder in der Nachbarschaft niedergelassen.

Fanny war eine starke Frau. Sie hielt aus – die Kargheit der Umgebung, die harte körperliche Arbeit, den patagonischen Wind, die Kälte und die fehlende Musik. Ein freundschaftliches Gespräch war ein Tagesritt entfernt. Ihr Mann war oft auf Reisen. Doch wenn die Winter sehr hart wurden, gingen die beiden für ein paar Monate zurück nach Buenos Aires.

Sie bekam drei Kinder, Guillermo, Diego und Rosa Virginia, die sie Dolly nannten. Auf ihrer Estancia entstand eine kleine Schule, die Lehrerin wurde vom Staat bezahlt. Als die Eisenbahn nun auch von Buenos Aires in die fünfhundert Kilometer weiter nördlich liegende Stadt Neuquén fuhr, ließ sie ihr Klavier aus Ohio kommen. Als Schiffsfracht, per Zug und die letzten fünfhundert Kilometer auf dem Rücken eines Maultiers. Ihre Gastfreundschaft war bekannt, und viele Reisende auf dem Weg ins südlichere Patagonien kehrten in ihrer Estancia ein. Als die Kinder älter wurden, zog die Familie für ein paar Jahre nach Córdoba. Dort gab es gute Schulen und eine Universität.

Lange Zeit lebten sie vom Verkauf der Schafwolle nach England. Preisverfall und andere unglückliche Umstände zwangen sie später, Teile der Estancia zu verkaufen.

Fannys Ehemann Jorge starb im Winter 1935, die Kinder waren längst aus dem Haus. Sie blieb allein. Und sie wollte bleiben. Noch einmal verkleinerte sie die Estancia. Ihr Leben am Lago Nahuel Huapi wollte Fanny auf keinen Fall aufgeben. Sie liebte diese Erde und blieb nun das ganze Jahr über auf Fortín Chacabuco. In den folgenden Wintern kamen die ersten Skiläufer nach Bariloche. Auf der anderen Seite des Sees, am Cerro Catedral, entstand das erste Skigebiet Südamerikas. Es dauerte nicht mehr lange, bis die erste Gondel die Skiläufer auf den Berg brachte.

Fanny war schon sehr alt, als ihr Haus niederbrannte. Noch einmal verkaufte sie Teile des Anwesens, wollte auf keinen Fall gehen und bezog ein kleines Haus direkt am See: El Paso Coihue. Dort verbrachte sie noch einige Jahre. Im Sommer hatte sie immer Besuch, in den Wintern lebte sie allein. Sie starb im Jahre 1965 mit 94 Jahren in Buenos Aires. Ihr Grab befindet sich am Lago Nahuel Huapi, nicht weit entfernt von dem Haus, in dem sie als Letztes gelebt hatte. Von der prächtigen Estancia Fortín Chacabuco waren vierhundert Hektar geblieben, die Fanny an einen Enkel vererbt hat.«[14]

ZWEI VON GWENS SÖHNEN waren inzwischen angekommen, hatten sich zum Mittagessen an den Tisch gesetzt und zugehört. Gwen hatte für alle Omelett und Reis zubereitet.

»Lass uns zu ihrem Grab gehen«, schlug ich Gwen vor. Ich hatte keine Ahnung, wie weit entfernt die Stelle war, rechnete aber mit einer Tageswanderung oder vielleicht mit einem Tagesritt.

»Das ist unmöglich. Der nördliche Teil der Estancia gehört den Mapuches. Um ihr Land zu betreten, muss man um Genehmigung bitten. Doch sie erteilen diese Genehmigung nicht. Das geht leider nicht. Schon vor ein paar Monaten hat sich FANNY TAYLORS Enkel telefonisch bei meinem Mann gemeldet und nach dem Grab gefragt. Er lebt in den USA. Ihm mussten wir auch mitteilen, dass es unmöglich ist, zu dem alten, verfallenen Haus und dem kleinen Friedhof zu kommen.«

Mir blieb also nur ein Foto von FANNY TAYLOR DE NEWBERY aus dem Jahr 1940. Gwen zeigte es mir. Ihre zierliche Gestalt war eingehüllt in eine bis weit über die Taille reichende wärmende Strickjacke. Sie trug einen Rock. Der Wind hatte ihre hellgrauen, dichten Locken zerwühlt. Sie stand am Ufer des Lago Nahuel Huapi, im Hintergrund sah man die Halbinsel Huemul. Ihr Gesicht strahlte. Sie hatte die Erde, über die sie gegangen war, immer geliebt.

ICH MACHTE MICH AUF DEN HEIMWEG. Doch kurz vor Dina Huapi fuhr ich ganz spontan links ab auf die Ruta 23, Richtung Süden. Susana, eine Freundin aus Bariloche, hatte mir erzählt, dass man auf diesem Weg zu einer Lagune kommt. Die Lagune war in den letzten zehn Jahren ausgetrocknet, doch in diesem Winter war so viel Schnee gefallen, dass sie sich wieder mit Wasser gefüllt hatte. Zugvögel waren zurückgekommen und konnten sich auf ihrem Weg Richtung Süden ausruhen. Susana ist Wissenschaftlerin. Sie hatte die Vögel gezählt. Es waren 38 Flamingos.

Ich fuhr durch die trockene Steppe, rechts und links der Straße grasten Rinder und manchmal auch Schafe. Es war staubig, und mir kratzte schon der Hals. Nach ungefähr zwanzig Minuten kam ich an dem kleinen See an. Ich parkte mein Auto neben ein paar Holzhäusern. Das einzige Gebäude aus Stein war die Bahnstation Perito Moreno, ein Stückchen weiter entfernt. Ich war allein, nur ein paar Hunde bellten.

Von Weitem sah ich die Flamingos auf dem Wasser. Sie standen kerzengerade auf einem Bein, viele hatten den Schnabel in den Boden der Lagune gesteckt, auf der Suche nach Futter. Ich schaute nach der besten Stelle, um die Vögel zu beobachten und zu fotografieren, und entschied mich für ein kleines Birkenwäldchen, denn unter den Bäumen, so stellte ich mir vor, würden sie mich nicht sofort entdecken.

Langsam näherte ich mich den so paradiesisch wirkenden Vögeln mit ihrem rosa-weißen Gefieder. Meine Kamera klickte zum Glück nur ganz leise, als mich plötzlich Teros entdeckten, die ungefähr fünf Meter vor mir herumhüpften. Ich kannte sie und ihr Geschrei schon aus meinem Garten. Wenn sich etwas bewegt oder Gefahr anrückt, schreien sie laut, um ihre Jungen zu schützen, die sich dann sofort ducken und unsichtbar machen.

Die Flamingos schienen diesen Warnruf auch zu verstehen, denn sie stolzierten langsam immer weiter in die Mitte der Lagune hinein.

Ich setzte mich auf einen Baumstumpf und schaute ihnen zu. Zwischen den Schreien der Vögel und dem entfernten Hundegebell war sie wieder da, die Stille. Und je intensiver ich hinhörte, umso leiser wurde es.

Flamingos sind Zugvögel, können Kälte und Wärme gut ertragen, halten sich sogar an heißen Vulkanquellen auf, wenn es dort etwas zu fressen gibt. Sie sind gute Schwimmer und noch bessere Flieger, sie erreichen eine Geschwindigkeit von bis zu sechzig Kilometer pro Stunde und können bis zu fünfzig Jahre alt werden. Am liebsten bewegen sie sich in großen Gruppen. Einen einzelnen Flamingo sieht man nie.

Warum verlassen sie ihren Lebensraum, gehen auf Wanderschaft, legen täglich über Wochen weite Strecken zurück, nehmen Strapazen auf sich und geraten in Stürme, wenn nicht die Futtersuche oder der Wechsel der Jahreszeit ihr Grund ist? Ist es die reine Lust der Flamingos am Fliegen oder gibt es eine Sehnsucht, den Ort zu finden, den einen Ort? Ein Anderswo? Ein Ganz-weit-Weg?

Und ich dachte noch einmal an Fanny. Warum war sie gegangen? Hatte sie sich entwurzelt? Ich wusste es nicht. Die

Teros vor meiner Nase hatten sich längst beruhigt. Einige saßen in Nestern, um ihre Jungen auszubrüten, andere behüteten die schon geschlüpften Jungen. Teros sind keine Zugvögel. Sie bleiben und legen ihre Eier immer wieder ins gleiche Nest. Bei uns im Garten achte ich genau darauf, dass dieses Nest übers Jahr unberührt bleibt, damit sie immer wieder zurückkommen können.

ES WAR SPÄT GEWORDEN. Ich ging zu meinem Auto und fuhr nach Hause. Das Abendlicht fiel auf den See, der ganz ruhig vor mir lag. Als höchster Berg im Hintergrund ragte der schneebedeckte Tronador über seine Nachbarschaft.

Ich hielt noch schnell an einem Foodtruck und kaufte mir eine Tüte *Chipas* für mein Abendessen. *Chipas* sind kleine Kugeln aus Maniokmehl und Käse, im Ofen gebacken. Das Rezept kommt aus dem Norden Argentiniens. Zufrieden fuhr ich durch den Feierabendverkehr, im Radio lief Musik aus den Siebzigerjahren.

*

DIE ERDE BEBTE. ICH SPÜRTE ES AM GANZEN KÖRPER, und in meiner Kaffeetasse, die vor mir auf dem Tisch stand, waren kleine Wellen zu sehen. Weil sie halb leer war, konnte nichts überschwappen. Für einen kurzen Moment war ich beunruhigt. Aber eigentlich ging alles schnell vorbei.

Mir wurde klar, dass ich nie festen Boden unter meinen Füßen haben würde. Die Erde ist so.

Am Tag darauf fand ich eine kurze Notiz in der Zeitung. Das Beben hatte eine Stärke von 6 auf der Richterskala und sein Zentrum befand sich auf der anderen Seite der Anden, in Chile, ungefähr 150 Kilometer Luftlinie von Bariloche.

Schon bei meiner Ankunft hatte mir ein Freund erzählt, dass für den Vulkan Villarica bei Pucón, ebenfalls in Chile, die Warnstufe Orange galt. Das bedeutet, dass man vom Aufenthalt in der Nähe des Vulkans abrät. Die nächste Stufe ist Rot und bedeutet, dass der Vulkan gerade ausbricht.

Und gestern hatte sich in der Antarktis ein riesiger Eisberg von der schwimmenden Eisfläche des Südpols, dem Schelfeis, abgelöst. So etwas passiert; es hat nach Meinung der meisten Wissenschaftler mit dem Klimawandel nichts zu tun. Nun treibt ein Stück Eis, siebzehn Mal größer als Paris, durch die Gewässer der Antarktis. Es wird ganz langsam auftauen. Die Erde ist so.

Diese Ereignisse erzählt man sich hier kurz, es kann eine Erwähnung nebenbei sein, aber niemand sorgt sich weiter. Ich auch nicht.

MEINE FREUNDIN SUSANA HATTE MIR VORGESCHLAGEN, mit ihr eine zweitägige Reise zu unternehmen. Es sollte mit dem Schiff über den Lago Nahuel Huapi zum Puerto Blest (Abb. 14) gehen. Dort liegt, mitten in den Anden, ein kleines Hotel, von dem aus man wunderschöne Touren unternehmen kann. Ich sagte natürlich sofort zu.

Einen Tag später holte sie mich vor meiner Haustür ab. Die Wetterprognosen waren schlecht, es sollte regnen, schneien und richtig kalt werden. Ich hatte für diese zwei Tage mehr Gepäck mit als sonst.

Wir fuhren zehn Kilometer in die Berge hinein, ließen das Auto auf einem bewachten Parkplatz des kleinen Hafens Puerto Pañuelo unterhalb des grandiosen Hotels »Llao Llao« stehen und stiegen auf einen modernen Katamaran um. Beim Auslaufen aus dem Hafen kamen wir an einem alten, eindrucksvollen Schiff mit dem Namen »Modesta Victoria« vorbei. Dieser betagte Ausflugsdampfer ist über achtzig Jahre alt und bringt täglich Touristen auf die umliegenden Inseln des Sees.

Nachdem die Region im Jahre 1934 per Gesetz zum Nationalpark erklärt wurde, wollte man auch den Tourismus zum Florieren bringen. Deswegen hatte man 1935 den Bau der Modesta Victoria in Auftrag gegeben. Das Schiff wurde in einer Amsterdamer Werft gebaut, wieder in seine Einzelteile zerlegt und über den Atlantik gebracht. In Bariloche entstand währenddessen neben dem Hafen eine kleine Werft, um das Schiff nach seiner Ankunft wieder zusammenzubauen. Im Jahre 1938 trat der Ausflugsdampfer seine Jungfernfahrt über den Lago Nahuel Huapi an.

Der Zweite Weltkrieg hatte inzwischen in Europa begonnen und machte für viele Argentinier die Reise in die alte Welt unmöglich. Man reiste nun in seinem eigenen Land. Damit begann in Bariloche mit dem Tourismus als Wirtschaftszweig eine Blütezeit.

DIE MEISTEN MITREISENDEN AUF UNSEREM KATAMARAN waren keine Touristen. An Bord befanden sich viele Chilenen, die auf diesem Weg die Anden überquerten, um am Abend in Puerto Varas anzukommen. Es war im Winter manchmal die einzige

Möglichkeit, um hier im Süden ins Nachbarland Chile zu kommen, denn diese Seepassage war, anders als die Straßenpässe, das ganze Jahr befahrbar.

Die komplette Überquerung besteht aus vier Busfahrten und drei Bootstouren. Es ist eine alte Handelsroute zwischen Chile und Argentinien. Von der argentinischen Seite aus reicht ein Arm des Lago Nahuel Huapi tief in die Anden hinein. Auf der chilenischen Seite ragt der Lago Todos Los Santos weit in den Osten der Anden. Zwischen beiden großen Seen befindet sich nur noch der kleine Lago Frías und drei Strecken über Land, die man in einem Bus zurücklegt. Die Region um Puerto Blest ist Argentiniens regenreichste Gegend, die *Selva Valdiviana* – ein kalter Dschungel mit Lianen, Bambusgräsern, Fuchsien, Flechten, Farnen und tausendjährigen Lärchen.

Wir waren gerade an Bord gegangen, da fing es an zu schneien. Es wurde windiger und kälter. Den Möwen, die hinter unserem Schiff herflogen, machte das nichts aus. Das Schiff jedoch brauchte für die einstündige Strecke viel länger als sonst. Ich zog mich warm an und ging an Deck, um zu fotografieren.

An beiden Seiten des Sees ragten dunkle, steile, nur an wenigen Stellen schneebehangene Berge aus dem Wasser in die Höhe. Wir befanden uns über der tiefsten Stelle des Sees. Das Licht wurde immer weniger und Farben gab es nahezu keine mehr. Die Welt hüllte sich in Töne zwischen einem matten Weiß, dem Grau der Wasseroberfläche und dem Schwarz der Steilhänge rechts und links von mir. Das Schiff fuhr in ein nebeliges Nichts.

Nach fast zwei Stunden kamen wir in Puerto Blest an. Die Chilereisenden stiegen zuerst aus, ihr Gepäck wurde zügig in schon bereitstehende Busse verladen, einige spielten mit dem Schnee, nicht alle waren warm genug angezogen, viele trugen Turn- oder Halbschuhe. Das Wetter hat sie wahrscheinlich überrascht.

Susana und ich nahmen unsere Rucksäcke und betraten das Hotel. Da die Zimmermädchen ebenfalls mit unserem Schiff angereist waren, mussten wir eine Stunde warten, bevor wir unser Zimmer beziehen konnten. Von unserem Fenster aus konnten wir auf den See schauen, der aber vor lauter Schneeflocken fast nicht zu erkennen war. Wir zogen uns warm an, packten unseren Proviant ein und verließen das Hotel.

Zuallererst fiel mir wieder die Ruhe auf, die Stille, in die wir gingen. Susana und ich waren die Einzigen, es gab keine anderen Spuren im Schnee. Der Weg führte über kleine Stege, durch den immergrünen valdivianischen Regenwald, subantarktisch, mit üppiger Vegetation, die der Schnee zugedeckt hatte. Dieser Dschungel reicht von der chilenischen Pazifikküste bis tief in die Anden hinein und gehört zu einer der gehölzreichsten Wälder der Erde.

Plötzlich hörten wir einen Vogel schreien. Ich kannte das Geräusch schon von der Insel Chiloé. Es war der Gruß des Chucao, eines kleinen Vogels, den man nahezu nie zu sehen bekommt. Er lebt tief im Wald, nistet gern in feuchten, schlammigen Böden und bewegt sich sehr, sehr schnell. Sein Schrei ist mir mittlerweile vertraut, und ich freue mich immer, wenn ich ihn höre.

Wir kamen an tosendem Wasser, dem Wasserfall Los Cántaros, und kleinen Lagunen vorbei, es schneite und schneite. Die kalte Feuchtigkeit kroch langsam durch unsere Regen- und Daunenjacken, aber umkehren wollten wir nicht. Bis wir an eine Stelle kamen, von der Susana sagte: »Wir sind kurz vor der *Heladera*, dem Kühlschrank.« Gemeint war eine Gletscherzunge, die sich vor unserem Weg auftun sollte. Da es aber so extrem viel geschneit hatte und wir nur normale Bergschuhe anhatten, keine Schneeschuhe oder Steigeisen im Rucksack hatten, entschieden wir uns dazu, wieder umzukehren.

Wir suchten einen trockenen Platz und packten unseren Proviant aus. Susana hatte eine Dose Thunfisch, Salatblätter, Brot und eine Avocado mitgebracht, ich hatte selbst gemachte *Empanadas*, Teigtaschen, gefüllt mit Mangold, Walnüssen und Käse, dabei. Im Hotel hatten wir unsere Thermoskanne mit heißem Wasser auffüllen lassen, sodass wir uns einen Ingwertee machen konnten. Und während wir unseren Hunger stillten, kam für einen Moment die Sonne heraus, die so stark war, dass unsere nassen Jacken dampften. Ich spürte die wärmende Sonne durch die feuchten Daunen meines Anoraks hindurch.

Dann packten wir alles wieder ein und gingen ganz langsam zurück. Pausen machten wir ungern, denn wenn wir uns nicht bewegten, fingen wir an zu frieren.

Im Hotel »Puerto Blest« durften wir unsere nassen Sachen auf den Boden des wärmsten Raumes legen. Auf uns wartete eine heiße Dusche und ein leckeres Abendessen. Der Schneesturm verschlimmerte sich noch in der Nacht.

Am nächsten Morgen lag noch mehr Schnee, aber zu unserer großen Freude schien die Sonne auf die Berge, den See und den kalten Dschungel. Nach dem Frühstück liefen wir zum Lago Frías, den wir mit einem kleineren Katamaran überquerten. Über unseren Köpfen kreisten Kondore, und ein argentinischer Mitreisender erzählte mir, dass diese Vögel eine Höhe von bis zu 7.000 Metern erreichen können.

Der Himmel war blau, aber den Vulkan Tronador konnten wir trotzdem nicht sehen, ein paar Wolken hatten sich um seine drei Gipfel gehängt. Nur den Verlauf seiner Gletscher konnten wir unterhalb der Schneedecke erahnen. Nach einer halben Stunde kamen wir an der gegenüberliegenden Seite des türkisblauen Sees an. Hier befand sich der Grenzposten zwischen Chile und Argentinien. Die Koffer der anderen Reisenden wurden in einen Bus verladen, ihre Reise ging weiter, für uns war es die Endstation. Wir wollten noch am gleichen Tag zurück nach Bariloche. So fuhren wir mit dem Schiff wieder über den Lago Frías, gingen die Strecke zum Hotel zu Fuß und fuhren am Nachmittag wieder über den Lago Nahuel Huapi nach Hause. Es war längst nicht mehr so kalt wie am Tag zuvor.

*

ZU FAST ALLEN HÜTTEN IN DER UMGEBUNG von Bariloche bin ich bereits gewandert, habe mich dort schon ausgeruht oder habe sogar übernachtet. Nur eine Hütte fehlte noch – das Refugio General San Martín, doch alle nennen es nur Refugio Jakob. Die Hütte liegt 1.564 Meter über dem Meeresspiegel, man wandert 18 Kilometer in ein Tal hinein, ein langes Stück entlang des Flusses Casa de Piedra, dann durch einen Wald, und am Ende erwartet einem noch ein steiles Serpentinenstück. Auf der Internetseite des Club Andino sind für die Wanderung vier bis sechs Stunden angegeben. Deswegen ist es ratsam, in der Hütte zu übernachten. Ich hatte mich also registriert und mir einen Schlafsack eingepackt. Martín brachte mich zum Ausgangspunkt, ich nahm meinen Rucksack und meine Stöcke, verabschiedete mich von ihm und lief los. Nach ein paar Minuten stieß ich auf die Gabelung zum Cerro Bella Vista, dessen Gipfel ich bereits kannte. Kurz darauf hörte ich schon das Rauschen des Flusses Casa de Piedra. Bariloches Skigebiet liegt jenseits der Bergkette auf der anderen Seite des Flusses. Nur einmal erkannte ich eine Bergstation der Sessellifte.

Es war sehr früh, und noch war ich allein. Jeder Schritt, den ich an Wildbächen entlangging, durch Wälder hinauf zu den Geröllfeldern, machte mich zufriedener und leichter. Ich ging, ich grenzte mich ab, ich brachte mich selbst in das Alleinsein, und manchmal fragte ich mich, ob Gehen wirklich eine Lösung ist. Was wollte ich? Es war nicht mein Ziel, Gipfel zu erreichen oder vom höchsten Punkt aus Horizonte zu fotografieren. Ein »höher, weiter und mehr« lag mir fern, etwas zu riskieren, mich in Gefahr zu begeben, mich mit anderen zu messen, war nie meine Absicht. Was ich liebte, war einfach nur die Begegnung mit den Bergen, bei ihnen zu sein und ihre Luft zu atmen. Einen Besuch im Fluss, eine kleine Pause neben wilden Orchideen oder kühles, klares Wasser aus meinen beiden Handflächen trinken. Die Haut selbst spürt den Wind und der Körper die Kälte. Ich bin es nicht mehr, die Strapazen in Kauf nimmt, Muskelkater und Blasen an den Füßen aushält, es ist längst eine andere, die da geht. Eine unbekannte Variante von mir. Nur manchmal, aber immer seltener, schmerzte die Schulter noch vom Rucksacktragen.

Ich wusste, dass vor dem letzten Anstieg noch ein langes Waldstück kommen würde, und überlegte kurz, eine kleine Pause zu machen, als plötzlich eine sehr schöne ältere Frau, ja eine Dame, vor mir stand. Ich hatte sie nicht kommen hören. Sie war so außerordentlich gut gekleidet, trug eine weiße Bluse, eine beige Trekkinghose mit einem braunen Ledergürtel, ein Modell, das man nur hier in Patagonien erhält, eine dunkelblaue Windjacke, und am rechten Handgelenk blitzte ein silbernes Armband. Sie war sicherlich etwas älter als ich, braun gebrannt, ihre Augen leuchteten freundlich, und ihren Lippenstift musste sie kurz zuvor aufgetragen haben. Ob sie einen kleinen Spiegel in ihrem Rucksack trug, fragte ich mich kurz. Nur ihre Bergschuhe waren extrem eingestaubt, und daran erkannte ich, dass sie schon eine lange Wanderung hinter sich hatte und sicherlich von der Hütte kam. Sie begrüßte mich, und an der Aussprache und Betonung ihres »*Hola*« erkannte ich einen englischen Akzent. Ich wurde neugierig; das bin ich eigentlich immer, wenn ich nach vielen Stunden allein jemandem begegne. Ich fragte sie, woher sie komme.

»From Refugio Jakob«, antwortete sie, sie habe die Nacht dort verbracht und wolle nun wieder hinuntergehen nach Bariloche. Sie sagte das so bestimmend und zeigte mit ihrem Stock Richtung Tal, sodass ich mich kaum traute, noch eine weitere Frage zu stellen. »*Is it your first time in Argentina?*«, fragte ich.

»*You will find the answer in the guestbook of the Refugio. I wrote everything down.*« Ich war erstaunt und ließ sie weiterziehen, wünschte ihr aber noch einen schönen Tag. Ich brauchte noch weitere drei Stunden, niemand begegnete mir mehr und am späten Nachmittag kam ich an der Hütte an. Der Hüttenwirt zeigte mir meine Schlafstätte, und weil sehr wenige Wanderer im Gastraum saßen, vermutete ich, dass ich das Zimmer für mich allein haben würde. Ich nahm meinen Schlafsack mit nach draußen und legte mich auf die noch warmen Felsen direkt an der Lagune. Hier war ich wieder allein.

Die Müdigkeit nach einem langen Anstieg ist purer, verbreitet sich lediglich im Körper, mischt sich manchmal mit Schmerzen, wohingegen der Geist von Erschöpfung verschont wird und Gedachtes und Gefühltes nicht mehr voneinander trennt.

Am Abend gab es eine Kürbissuppe, ein Stück Fleisch mit Kartoffelpüree und zum Nachtisch eingelegte Pfirsiche mit Dulce de Leche. Als ich alles bezahlen wollte und zum Tresen ging, fiel mir plötzlich das Hüttenbuch auf. Ich nahm es mit zu meinem Platz, suchte den letzten Eintrag und fand Judiths Geschichte:

ICH KAM IM JUNI 1976 ZUM REFUGIO JACOB. Ich war mit dem Rucksack in Südamerika unterwegs. Zu dieser Zeit, im Jahre 1976, gab es nur sehr wenige Backpacker! Mein Reisebegleiter sagte: »Lass uns zum Refugio Jakob gehen.« Weder er noch ich hatten jemals eine solche Trekkingtour unternommen. Wir waren beide zweiundzwanzig Jahre alt. Wir hatten weder Stiefel noch die richtige Kleidung für die Tour. Wir gingen zum Haus des Hausmeisters in Bariloche, um den Schlüssel zu holen. Er dachte, wir seien verrückt, im Juni (Winter) zum Refugio Jakob zu gehen. Aber er hielt uns nicht davon ab. Wir kauften zwei Flaschen Wein und Steaks und machten uns von Bariloche aus auf den Weg. Per Anhalter fuhren wir nach Tambo und liefen von dort aus zu Fuß. Wir hatten eine sehr ungenaue Karte. Wir dachten, wir kämen gut voran, und hatten es nicht eilig.

Dann plötzlich, nach mehreren Stunden Fußmarsch, begann der Weg steil anzusteigen. Ich erinnere mich, dass wir an den Felsen entlang des Wasserfalls hochgeklettert sind. Jemand erzählte mir heute, dass es 1976 noch keine Brücke gab, aber eine Leiter. Da es Winter war, wurde es früh dunkel. Es war neblig, die Sicht war sehr schlecht, und es schneite stark. Es war einfach Glück, dass wir die Hütte fanden, denn wir hatten uns gründlich verlaufen.

Wir benutzten den Schlüssel, um hineinzukommen, zündeten Feuer an, brieten die Steaks und tranken den Wein. Wir schliefen in den Schlafsälen des Wohnbereichs. Am nächsten Morgen lag der Schnee mehr als einen Meter hoch, auf halber Höhe der Tür, und wir konnten nicht herauskommen!!! Wir hatten alles Essen, das wir mitgebracht hatten, aufgegessen, aber zum Glück gab es Spaghetti, Kekse und einige andere Lebensmittel in der Hütte. Wir waren gezwungen, drei Tage zu bleiben. Am dritten Tag machten wir uns auf den Heimweg. Als wir in Tambo ankamen, saßen die ersten Menschen, die wir seit vier Tagen sahen, in einem Auto und suchten nach Schnee! Ganz aufgeregt öffneten sie das Autofenster und fragten, ob wir Schnee gesehen hätten!!!

Das war meine allererste Trekking-Erfahrung, und seitdem bin ich auf der ganzen Welt gewandert.

Also vielen Dank an das Refugio Jakob, dass es mir eine so angenehme Aktivität gezeigt hat und dass die Hütte uns in diesem Wintersturm Schutz geboten hat. Es ist toll, heute wieder hier zu sein.

JUDITH LAW, Derbshire, England, 29. November 2019

PS: Ich habe den Kontakt zu meinem Reisebegleiter verloren, würde ihn aber gerne wieder kontaktieren – GRAIG HUTCHEON, ebenfalls aus England, falls ihn jemand kennt.

EIN BISSCHEN TRAURIG KLAPPTE ICH das Hüttenbuch wieder zu, denn ich hätte sie gern kennengelernt.

AM NÄCHSTEN MORGEN STIEG ICH NACH DEM FRÜHSTÜCK hoch zur Laguna de los Témpanos. Ich schaute auf Bergketten, die bereits zu Chile gehörten. Hier oben lag viel Schnee, und die kleine Lagune war noch zum größten Teil zugefroren. In einem kleinen Bassin des auslaufenden Bachs – der Beginn des Flusses Casa de Piedra, vermutete ich – tauchte ich meinen Körper kurz ein. Neben mir schwammen kleine, hellblau leuchtende Eisstücke. Das Wasser war türkisfarben und sehr kalt – türkiskalt nenne ich das –, und es schmerzte bis auf die Knochen. Doch als ich ein paar Minuten später wieder meine Wanderkleidung am Leib hatte, meine Füße in Wollsocken steckten und ich mir sogar noch eine Mütze aufsetzte – das Haar musste bei diesen Bädern unbedingt trocken bleiben –, kam eine Wohligkeit in mir auf, eine innere Wärme, die sogar über meine Körpergrenzen hinausging und noch Stunden später zu spüren war. Das tut sehr gut. Ich ging zurück zur Hütte und packte meine Sachen für den Abstieg.

*

ES WAR EIN RUHIGER MORGEN, der zweite Tag eines neuen Jahrzehnts. Ich war allein und nach einem schweren Gewitter ohne Strom. Noch wusste ich nicht, was aus meinen Lebensmitteln im Kühlschrank und im Gefrierfach werden sollte.

In drei Wochen würde ich nach Deutschland zurückfliegen. Die letzten Tage waren turbulent gewesen. Matthias war hier. Er kam mit einer Freundin über die Feiertage. Ich hatte mich auf das Wiedersehen gefreut. Wir kochten gemeinsam, saßen in der Sonne und erzählten uns Geschichten.

KURZ VOR WEIHNACHTEN ERHIELTEN WIR EINE EINLADUNG. Wir sollten gegen Mittag an der Bahía López sein, von dort aus fuhr ein kleines Schiff in einen Seitenarm des Lago Nahuel Huapi. Tief im Gebirge gibt es einen kleinen Pfad zu einem Wasserfall. Das war unser Ziel.

Nico, der Bootsbesitzer, ist ein bekannter Bergführer in Bariloche, und manchmal bringt er Touristen in diese abgelegene Gegend. Diesmal war es eine kleine Gruppe Südamerikareisender aus Deutschland. Er hatte uns und noch ein paar andere Freunde eingeladen. Ich nahm die Kamera mit, etwas zu essen und zu trinken gab es auf dem Schiff. Es war warm und zum Glück nicht besonders windig.

Wir erreichten die Anlegestelle des kleinen Pfades nach gut zwei Stunden. Ein kleines Boot brachte jeweils vier Personen ans Ufer, von wo aus wir gemeinsam durch den patagonischen Urwald stiefelten. Hin und wieder erzählte Nico uns von den tausendjährigen Lärchenbäumen oder zeigte uns den Martín pescador, einen Eisvogel, mit seinem schrillen Warnruf. Wir waren schneller als die Reisegruppe, die viel mehr Fotos machte als wir. Nach einer Weile hörte ich das Rauschen des Wasserfalls, und als ich unterhalb des tosenden Wassers ankam, fiel mir sofort die Sanftheit der Felsen auf, über die das Wasser floss (Abb. 16). Ein paar Sekunden zuvor war es noch in der Höhe gewesen, jetzt sprudelte es kristallklar vor mir. Ich bückte mich, tauchte meine Hände und Unterarme in den eiskalten Bach. Ich kühlte mein Gesicht und meinen Hals.

Plötzlich hörte ich Stimmen, Schreie.

»No … no … no …!« Es waren Tommy, unser Freund, und Martín, die beide aufgeregt die Hände über dem Kopf bewegten. Ich schaute auf und sah, wie Matthias an der Seite des Wasserfalls zwischen Farnen und blanken, feuchten und glitschigen Felsvorsprüngen hochkletterte – ohne Seil, ohne Vernunft, ohne Verstand. In ein paar alten Turnschuhen. Ich gefror zu Eis, ich erstarrte.

»Nicht noch einmal«, blitzte es durch mich durch. Ich stand da wie ein Stock. Ich konnte nichts sagen. Mein Mund war zu trocken. Da musste ich sofort raus. Ich hörte zuerst auf zu denken. Das half. Ich versuchte, mich zu bewegen. Das half. Ich atmete. Ich spürte den Boden unter meinen Füßen. Das half. Ich hörte auf, die Angst zu spüren. Das war eine bewusste Entscheidung. Es half. Ich sah noch einmal hin. Auch das half.

Matthias war kurz davor, den oberen Teil des Wasserfalls zu erreichen. Warum musste er da hinaufklettern? Noch ein paar Schritte und er würde aufrecht stehen. Genau da, wo das Wasser anfing zu fallen. Die Warnrufe von unten hatte er nicht gehört. Das stürzende Wasser neben ihm war viel zu laut.

Ganz langsam konnte ich mich aus meiner Starre lösen und ging ein paar Schritte in den Wald, setzte mich auf einen Stein, schaute in die Baumkronen und dachte an mich. Ich spürte mein rasendes Herz und meine zitternden Hände, als ich Pumaspuren im Schnee sah. Ich hatte sie ein paar Tage zuvor auch schon auf einer Wanderung zur Laguna Los Témpanos entdeckt.

Es waren frische Spuren gewesen, der Puma musste sich in meiner unmittelbaren Nähe aufgehalten haben. Denn auf meinem Rückweg zur Hütte ging ich über ein Schneefeld entlang meiner eigenen Spuren. Und genau neben meinen Fußabdrücken hatte ich die katzenförmigen Abdrücke des Pumas gesehen, kristallklar in die Schneedecke geformt. Er war mir gefolgt. Ich hatte ihn nicht gesehen.

Aber hier konnte ich plötzlich in seine Augen schauen. Er kam auf mich zu und legte sich ganz ruhig vor mich hin. Sollte ich mich trauen, ihn zu berühren? Vorsichtig strich ich ihm über das Fell. Es gefiel ihm. Von Weitem hörte ich die Stimmen der anderen. Aber hier im Wald spürte ich die Kraft dieses Pumas, das beruhigte und stärkte mich. Ich hatte keine Angst mehr und legte mich neben ihn auf den Boden. Vermutlich schlief ich ein.

GEWITTER SIND SELTEN IN BARILOCHE. Der Strom aber fällt während heftiger Stürme öfter aus. Normalerweise nie so lange wie dieses Mal. Ich holte die aufgetauten Lebensmittel aus dem Eisfach, kochte mir auf dem Gasherd einen Kaffee und aß ein Stück Orangenkuchen. Ich schrieb diese Zeilen mit der Hand, neben mir brannte eine Kerze. »Wann der Strom wohl zurückkommen wird?«, fragte ich mich. Ich hatte keine Ahnung.

Epilog

VIELLEICHT IST DAS ENDE DIESES BUCHES für einige ein neuer Anfang. Und für diejenigen, die in einem veränderten Sinne weitergehen möchten, gebe ich gern ein paar Worte mit auf den Weg.

Jeder Mensch findet seinen eigenen Pfad, er muss nicht in die Berge führen und schon gar nicht auf Gipfel. Ich kann den Weg allein gehen, in der Familie oder mit Freunden. Ich kann immer einen schweren Rucksack dabeihaben, dann wird es anstrengend, oder ich beschränke mich auf das Wesentliche, entscheide mich für die Leichtigkeit und gehe furchtlos. Das gelingt mir am besten, wenn ich das Leben nicht so ernst nehme, womit ich nicht meine, mit dem Risiko zu spielen oder Gefahren nicht zu beachten.

Es gab bei meinen ernsten Wanderungen immer wieder Freundinnen, die mich zum Lachen brachten, und wenn ich dann allein unterwegs war, half es mir, an diese Situationen zu denken. So kam Humor in meinen Weg.

WIR LEBEN MOMENTAN IN EINER VON GROSSER ANGST geprägten Zeit und wissen nicht genau, was kommt. Aber wir können nie genau wissen, was kommt, und meistens gehen wir davon aus, dass es nicht gut sein wird. Unsere Angst hindert uns daran. Und was, wenn es umwerfend schön sein wird? Sind wir darauf vorbereitet? Plötzlich, nach einem langen Aufstieg? Und spätestens dann wird es auf einmal ganz still. So finde ich manchmal das, wofür ich aufgebrochen bin.

Das »da draußen« ist gleichzeitig das »da drinnen«. Es ist ein Geschenk. So beschreibt es NAN SHEPERD in *Der lebende Berg* und führt weiter aus: »Doch oft gibt der Berg am meisten von sich preis, wenn ich kein Ziel habe, wenn ich auf nichts Besonderes aus bin, sondern bloß hinausgegangen bin, um Zeit mit dem Berg zu verbringen, so wie man einen Freund besucht zu keinem anderen Zweck, als Zeit mit ihm zu verbringen.«[15]

Allein darin kann die ganze Schönheit liegen.

»So wie man einen Freund besucht«, das kann der Berg sein oder das kann ich selbst sein. Das kann »da draußen« sein oder das kann »da drinnen« sein.

Dieses Gehen ist ein Weg zu mir selbst. In meinem Innersten habe ich auf meinen Wegen meine Würde erkannt, und in ihr zugleich die Würde allen Seins auf diesem Planeten – die Würde des Sees, des Steins, des Wassers, des Tiers und der Pflanze, die Würde dieser Erde.

Würde erkennen heißt zu erkennen, dass Körper, Geist und Seele eins sind und dass »da draußen« und »da drinnen« in diesen Momenten verschmelzen.

Danksagung

MEIN GANZ BESONDERER DANK gilt den Menschen, die Matthias das Leben gerettet haben. Da war zuerst der Rettungsdienst und Notarzt in der Unfallnacht, das Team der Neurochirurgie des Heliosklinikums in Krefeld mit Prof. Dr. MICHAEL STOFFEL und die Neurochirurgische Intensivstation mit Oberarzt Dr. NORBERT KLEMZ. Die Krankenschwestern, Pfleger, Therapeuten und Ärzte haben täglich den höchsten Berg erklommen, damit Matthias jeden Tag ein Stück mehr überleben konnte. Gemeinsam haben sie es geschafft. Seitdem ist Dankbarkeit ein Teil von mir geworden, eine innere Haltung.

Sehr dankbar bin ich meiner Familie, Martín, Tomás und Matthias, und meinen Freundinnen und Freunden, die mir mit ihren Ratschlägen und ihrem Feedback bei der Entstehung des Buches geholfen haben. Carmen bin ich im Besonderen dankbar, denn sie geht so oft mit mir bergauf und bergab.

Bei der Verlagssuche half mir Dr. KLAUS-DIETER PLATSCH, durch ihn fand ich meine Lektorin SUSANNE KLEIN. Darüber freue ich mich sehr.

Eichhof, Juli 2021

Anmerkungen

1 Diese Zeile stammt aus dem folgenden Gedicht von TOMÁS LAUGA (Düsseldorf 2019): »Vorsicht/Worte sind Steine, der Satz ist ein Weg./Also wähle ihn weise, den Weg, den du gehst./Wir bauen Straßen und Brücken,/um zum Menschen zu gelangen,/wagen und zögern/und beginnen befangen.«

2 Das Wörterbuch, welches ich in Pucón kaufte: ALBERTO MORENO, NORMA SOSA: *Diccionario Mapuche, Mapuche-Español, Español-Mapuche*; Buenos Aires 2016

3 *Es ist ein Ros' entsprungen* ist eines der ältesten Weihnachtslieder, es stammt aus dem 16. Jahrhundert. Weder der Komponist noch der Autor sind bekannt.

Let it be von den BEATLES erschien zum ersten Mal 1970. Komposition und Text von JOHN LENNON und PAUL MCCARTNEY.

4 Das Lied *Camino para volver* von CELIA CRUZ stammt aus dem Jahr 1982. Geboren wurde CELIA CRUZ 1925 in Havanna (Kuba). Sie verließ das Land ein Jahr nach der Revolution, im Jahr 1960, und kehrte bis zu ihrem Tod (2003 in New Jersey, USA) nie wieder nach Kuba zurück.

5 Die Manteuffelstr. 40/41, oder genauer gesagt, zwei Vorderhäuser, zwei Seitenflügel und eine Fabrik, wurde im Februar 1981 besetzt, in einer Zeit, als Berlin mehr als einhundert besetzte Häuser zählte, die meisten davon in Kreuzberg. Heute leben und arbeiten dort über vierzig Personen. Sie organisieren sich mit anderen früher besetzten Häusern in einem Genossenschaftsmodell. Weitere Infos dazu unter: www.luisenstadteg.de.

6 THE SOUL EXPLORERS sind CLAUDIA und SERGIO LORDAO, die über zwölf Monate durch Europa, Neuseeland, Südamerika und Australien reisten. Auf ihrer Tour interviewten und fotografierten sie 330 Menschen, mitten auf der Straße, auf Bergspitzen oder in gemütlichen Cafés. Ich begegnete ihnen in Bariloche. Nach ihrer Reise ist ein Buch entstanden mit den Texten von CLAUDIA LORDAO und den Fotos von SERGIO LORDAO. Eine Ausstellung war im August 2019 in Sydney zu sehen. Alle Infos zum Projekt und zum Buch findet man auf: www.thesoulexplorers.com.

7 PETER ROSE wurde 1955 in New York geboren, studierte an der Columbia University und ging im Winter 1978 nach Berlin. Von dort aus nahm er vier Jahre lang regelmäßig an den Workshops des Grotowski Theaters in Warschau teil. Seine Stücke *Over the wall stories* und *Berlin Zoo* schrieb er Anfang der Achtzigerjahre. Sie wurden in Deutschland und in den USA aufgeführt. Am 28. November 2017 nahm er sich in Berlin das Leben. Die Texte in diesem Buch stammen aus einer kleinen Broschüre mit dem Titel *test traveler/polar star*, Berlin 2000, und wurden von RICHARD SCHNEPF übersetzt.

8 Tammys und Dominiks kleine Farm hat sich vergrößert, und sie empfangen gern und regelmäßig Gäste. In kleinen Gruppen bieten sie von dort aus mehrtägige Reit- und Trekkingtouren an. Mehr Informationen zu diesem bezaubernden Ort befinden sich auf meiner Website www.luca-lauga.com

9 Zu diesem Thema erschien im Jahr 2019 in Argentinien ein Fotoband *Mensajes al poblador rural – Mas de 70 años en el aire de la Patagonia*« von JORGE PICCINI. www.jorgepiccini.com

10 GRETE STERN kam aus Deutschland, hatte dort am Bauhaus Fotografie studiert und gründete später zusammen mit der Fotografin ELLEN AUERBACH in Berlin ein Fotostudio mit dem Namen *Ringl + Pit*. Sie emigrierte im Jahr 1933 zunächst nach London. Zwei Jahre später heiratete sie den argentinischen Fotografen HORACIO COPPOLA, 1936 gingen beide nach Buenos Aires. Ihr Haus außerhalb der Hauptstadt wurde zu einem beliebten Treffpunkt für Künstler und Intellektuelle. Noch bis 1985 arbeitete GRETE STERN als Fotografin. In meiner ersten Zeit in Buenos Aires besuchte ich GRETE fast wöchentlich.

11 Die Librería Anticuaria EDGARDO HENSCHEL ist ein im Jahr 1877 in Hamburg gegründetes Antiquariat. Es wurde 2014 in Buenos Aires

aufgelöst. 15.000 überwiegend deutschsprachige Bücher standen bei der Schließung zum Verkauf. EDGARDO HENSCHEL war als Sechsjähriger in den 1930er Jahren mit seiner jüdisch-protestantischen Familie nach Buenos Aires emigriert. Sein Vater hatte die Buchhandlung in Hamburg geleitet, bis die Familie von den Nazis enteignet wurde. Er konnte nur einen kleinen Teil seiner Bücher mitnehmen, und erst 1940, als er wieder genügend Bücher zusammenhatte, eröffnete er in der argentinischen Hauptstadt erneut ein Antiquariat. Sein Sohn, der ebenfalls EDGARDO hieß, übernahm in den Sechzigerjahren das Geschäft.

12 ARIEL DOMÍNGUEZ lebt mit seiner Familie in Villa La Angostura und hat die Wochen, Monate und Jahre nach dem Vulkanausbruch im Jahre 2011 hautnah miterlebt. Entstanden ist ein beeindruckendes Buch mit Farbfotos aus den Tagen nach dem Ausbruch: *4 de Junio La gran erupción*. Ciudad Autónoma de Buenos Aires, Dunken 2015. Die erste Auflage war sofort vergriffen, noch im gleichen Jahr folgte eine zweite. In seinem umfangreichen Werk mischt sich authentisches Material mit seinen eigenen Erfahrungen und Gefühlen. Gleichzeitig lässt er aber auch in Interviews seine Nachbarn, einige Feuerwehrleute und andere Betroffene sprechen. Ich treffe ARIEL jedes Mal in seinem Laden, wenn ich in Villa La Angostura bin.

13 Diese allgemeinen Infos zu der Wildblume stammen aus dem Buch *Wandernde Pflanzen – Neophyten, die stillen Eroberer, Ethnobotanik, Heilkunde und Anwendungen* von WOLF-DIETER STORL, erschienen 2012 im AT Verlag, S. 63.

Ganz generell habe ich mein Wissen über Pflanzen zu einem großen Teil aus den Büchern von WOLF-DIETER STORL gewonnen. Er lebt im Allgäu, wo er als Kulturanthropologe und Ethnobotaniker den Geheimnissen der Heilkräuter und Wildpflanzen nachgeht. www.storl.de

14 Einige Details der Geschichte der Estancia Fortín Chacabuco, wie sie mir Gwen erzählt hat, sind aus folgendem Buch entnommen: *Viejas estancias de la Patagonia* von YUYÚ GUZMÁN, Verlag Claridad, Buenos Aires 2012.

Heute ist die Estancia in Besitz einer internationalen Stiftung, The Nature Conservancy. www.nature.org

15 NAN SHEPERD kam 1893 in Schottland zur Welt. Sie verbrachte ihr Leben in den Cairngorms, einem Gebirge in ihrer Heimat. Dort lief sie Tausende von Kilometern und entging so auch dem Kriegsgeschehen.

Nur einmal schrieb sie von zerschellenden Flugzeugen auf einem Plateau. Manchmal wanderte sie stundenlang zum einzigen Radio in ihrer Umgebung. Sie starb 1981 in Aberdeen. Das Zitat stammt aus: NAN SHEPHERD. *Der lebende Berg* (S. 60), aus dem Englischen von JUDITH ZANDER, © 2017 MSB Matthes & Seitz Berlin Verlagsgesellschaft GmbH.

Über die Autorin

© Sergio Lordao

LUCA LAUGA lebt mit ihrem argentinischen Ehemann in Deutschland und Patagonien. Sie hat zwei erwachsene Söhne.

Als Sprach- und Interkulturelle Trainerin für Südamerika war sie viele Jahre in der Wirtschaft tätig, bis persönliche Ereignisse ihr Leben veränderten. Das Gehen in der Natur brachte sie weiter, und es entstand ein Buch. Heute arbeitet sie als Coach und Beraterin.

Wer gern mehr über sie und ihre Trekking- und Argentinienerfahrungen wissen möchte, kann sich über ihren Blog **luca-lauga.com** und über Instagram **luca_lauga** direkt an sie wenden.

Über die Malerin

BÁRBARA DRAUSAL lebt und malt in Bariloche. Zwei der Aquarelle im Bildteil stammen aus einer Serie, die sich *Encantamientos* (Verzauberungen) nennt. Die dritte Arbeit, ein Vulkan, ist ein Lackbild.

Die patagonische Natur löst sich in ihren Arbeiten immer mehr im Abstrakten auf. Ihre Werke wurden in Einzel- und Gruppenausstellungen in Argentinien, Chile, Uruguay, Polen und in den USA gezeigt. Mehr zu ihr und ihrer Arbeit findet man auf Instagram: **barbara_s_drausal** und Facebook: **Barbara Drausal**